KB154224

벌거벗은
한국사 영웅편

벌거벗은 한국사 영웅편

본격 우리 역사 스토리텔링쇼

tvN STORY 〈벌거벗은 한국사〉
제작팀 지음

프런트페이지
FRONTPAGE

특별한 여행을
함께 떠나볼까요

여행을 떠나볼까요?

반만년 우리 역사의 수많은 장면들.

그중 가장 매력적인 '스토리'가 있는

과거 어느 순간이 우리의 목적지입니다.

여러분은 언제, 어디로 떠나 누구를 만나고 싶으신가요?

저희의 고민도 여기서 시작됐습니다.

우리 역사의 어느 시점으로 돌아갈 수 있다면

과연 어디로 떠날 것인가?

어떤 인물의, 무슨 이야기를 들을 것인가?

답을 내리기는 생각보다 어려웠습니다.
분명 학교 수업시간에 배웠던 것 같은데
머릿속에 '스토리'는 없이 연도, 사건, 인물 같은
단편적인 정보들만 떠올랐기 때문입니다.

그래서 저희는 생각했습니다.
'우리 역사의 장면들이 오랫동안 기억되도록
쉽고 친절하게 흥미로운 스토리로 엮어 보여드리자.'
그리고 히스토리텔러 최태성 선생님과 뜻을 모았습니다.
우리 역사 스토리텔링쇼 〈벌거벗은 한국사〉는
그렇게 태어났습니다.

누구나 부담 없이 즐길 수 있는 스토리 한국사.
이제 준비는 끝났습니다.
펜과 노트는 잠시 내려놓고
홀가분한 마음으로 한국사 여행을 떠나보실까요?

tvN STORY 〈벌거벗은 한국사〉 제작팀

더 나은 내일로 나아가게 하는
역사 속 영웅 이야기

"영웅."

말하는 것만으로도 가슴이 웅장해지지 않나요?

그렇기에 아무에게나 붙일 수 없는 수식어가 아닐까 생각합니다.

지금, 여러분 머리에 스쳐 지나가는

'영웅'이라고 할 수 있을 만한 역사적 인물은 누구인가요?

세종대왕이 생각난 분도 있을 것이고

이순신 장군 또는 안중근 의사가 떠오른 분도 있을 거예요.

이들의 공통점은 무엇일까요?

모두 '꿈'을 가지고 있었다는 겁니다.

어떤 꿈일까요?

지금의 시대보다 좀 더 나은 시대를 위해

자신이 무엇을 해야 할지 고민하고, 실천했다는 것이지요.

자신의 시대에 갇혀 있지 않고,

후손들이 살아갈 세상에 대한 비전을 제시했어요.

누구나 배우기 쉬운 문자를 만들어 사랑하는 사람에게

자신의 마음을 편지로 전할 수 있는 세상을 만들었고,

식민지 백성으로 노예적 삶을 살아야만 했던 암울한 시대에

'자유'를 외치며 자신의 삶을 온전히 바치기도 했습니다.

이처럼 좀 더 나은 세상의 모습을 꿈꾸며

그 세상을 향해 힘차게 달려나갈 수 있도록 한 힘은 무엇일까요?

바로 '사랑'이겠죠. 작지만 위대한 사랑.

그 사랑의 서사시가 이 책에서 펼쳐집니다.

반만년 한국사의 영웅들이 우리에게 안긴 역사의 선물이

무엇인지 확인하는 여정에서 우리 역시 후대 사람들에게

무엇을 해주어야 할지 고민하게 될 것입니다.

그렇게 고민하다 보면 나도 모르게 그들을 닮아가게 될 것입니다.

이제, 영웅을 만날 시간입니다.

큰별쌤 최태성

| 차례 |

‖‖‖‖‖‖‖‖‖‖‖ 1부 시대의 난제를 극복한 영웅 ‖‖‖‖‖‖‖‖‖‖‖

1부

시대의 난제를 극복한 영웅

1장

멸거벗은 해상왕

임기환(서울교육대학교 사회과교육과 교수)

섬 소년 장보고는
어떻게 무역왕이 되었나

한국과 중국, 일본은 지리적으로 가까운 이웃이기도 하지만 한편으로는 서로 간의 이해관계가 얽혀 많은 전쟁을 치른 사이기도 합니다. 그런데 이 세 나라 모두에서 동상과 비석을 만들어 기념하는 인물이 있습니다. 우리나라는 265개의 섬으로 이루어진 아름다운 완도에 바다를 바라보는 늠름한 자태의 동상을 세웠고, 중국은 산둥성에 위치한 적산법화원에 이 인물의 기념관과 동상을 만들었지요. 일본은 교토에 위치한 절이자 유네스코 세계문화유산인 연력사 한편에 이 인물을 기리는 기념비를 세웠습니다.

동아시아 삼국이 공통적으로 영웅으로 추앙하는 인물이 있다니 놀랍지 않나요? 이 인물은 신라 시대 인물로 해상왕이라는 별칭으로 불릴 정도로 크게 활약했습니다. 〈한국을 빛낸 100명의 위인들〉이라는 노래에 '바다의 왕자'라 소개되어 우리에게도 익숙한 인물이지요. 1,200여 년 전 동아시아 바다를 호령한 이 전설적인 인물은 바로 장보고입니다.

신라인 장보고는 그 당시 신라와 당나라, 그리고 일본을 잇는 동아시아 바닷길을 석권했는데 이는 한반도 역사를 통틀어 전무후무한 일이었습니다. 바다에서의 그의 활약 덕분에 신라도 근심을 덜 수 있었지요. 덕분에 장보고는 능력을 인정받으며 승승장구했

완도 장보고 동상 장보고 동상은 청해진 군사들의 훈련장이었던 완도읍 죽청리 들판에 세워져 있다. 동상의 오른손은 칼을, 왼손은 교역물품도록을 들어 뛰어난 무인이자 상인이었던 장보고의 특징을 잘 보여준다. 동상의 좌대는 통일신라 상선을 형상화했다. 완도군 제공.

습니다.

그런데 해신으로까지 불린 장보고의 마지막은 너무나 충격적입니다. 명예로운 죽음을 맞이한 것이 아니라 역적으로 몰려 암살을 당했거든요. 삼국에 이름을 떨친 바다의 왕에게 도대체 무슨 일이 벌어진 걸까요? 지금부터 장보고를 둘러싼 그 놀라운 이야기를 벗겨보겠습니다.

출세의 꿈을 품고 당나라로

장보고는 780년대 후반, 통일신라 제38대 원성왕이 다스리던 시기에 태어났습니다. 태어난 곳은 지금의 전라남도 완도로 통일신라 서남해에 위치한 섬이었지요. 푸른 바다로 둘러싸인 바다 마을에서 태어난 장보고는 씩씩하고 활달하면서 호기심 많은 아이였다고 합니다. 장보고에게는 '정년'이라는 친한 동네 친구가 있었는데, 둘은 친형제처럼 어울리면서 바다를 뛰어다니며 놀곤 했습니다. 그런 두 사람이 당시 푹 빠져 있던 게 하나 있었습니다.

"(장보고와 정년) 모두 싸움을 잘하였다. 그 날래고 씩씩함을 겨루면 장보고가 (정년에게) 조금 미치지 못하였다. 정년은 (장)보고를 형이

라고 불렀다. (장)보고는 나이로, 정년은 기예로 항상 서로 경쟁하
며 서로 아래에 있으려 하지 않았다."

《삼국사기》 44권, 열전 장보고·정년

둘 다 무예에 푹 빠져 있었던 것입니다. 종종 모래사장에서 무예
대결을 펼쳤는데 정년이 더 날래고 빨라서 장보고가 질 때가 많았
다고 합니다. 그때마다 장보고는 나이를 내세웠어요. 장보고는 "그
래도 내가 너보다 형이야!"라고 했을 테고 정년은 "형보다 내가 무
예를 더 잘해!"라며 받아쳤겠지요.

어릴 때부터 무예에 흥미를 느꼈던 장보고에게는 특별한 능력

이 하나 더 있었습니다. 이름에 힌트
가 있는데요, 《삼국사기》에 기록된
장보고의 이름은 궁복弓福입니다. 활
궁弓에 복 복福을 써서 궁복이라 불렀
는데 우리말로 풀면 '활보'라는 뜻이
됩니다. 우리가 보통 먹을 것을 좋
아하는 사람을 먹보라고 하고 잘 우
는 사람을 울보라고 하잖아요. 마찬
가지로 활보는 '활을 잘 쏘는 사람'
이라는 뜻입니다. 이름에서 유추해
본다면 장보고는 활을 잘 쏘는 아이

장보고 영정 국립현대미술관 소장

였던 듯합니다. 무예를 좋아하고 활도 잘 쏘는, 다방면으로 뛰어난 소년이었지요.

어렸을 때부터 출중한 무예 실력을 자랑하던 청소년 궁복은 무예로 성공하고 싶다는 꿈을 품었습니다. 그리고 스무 살이 되었을 무렵 솔깃한 이야기를 듣습니다. 바다 건너 당나라에 가면 성공할 수 있다는 이야기였어요. 당시 당나라는 아주 개방적인 사회였습니다. 다양한 종족과 민족집단을 수용하면서 나라를 통일했고 이 때문에 외국인을 배척하지 않는 분위기가 형성되어 있었지요. 다른 민족을 용병과 조정의 관리로 쓰는 일도 흔했고요. 신라에서도 당나라에 건너가 활동하는 사람들이 있을 정도였습니다. 이런 소문을 듣는다면 '아메리칸 드림'처럼 '당나라 드림'을 꿈꾸게 되겠지요? 장보고 또한 고심 끝에 정년과 함께 당나라로 떠납니다.

장보고가 당나라로 떠난 데에는 신라의 골품제도 영향이 컸습니다. 신라는 혈통에 따라 골과 두품으로 신분에 차별을 두었는데, 일반 귀족과 평민이 속하는 6개의 두품도 수도에 사는 사람으로만 제한되어 있었습니다. 장보고는 수도인 금성, 지금의 경주에서 한참 떨어진 섬 출신 평민으로, 두품에도 속하지 않는 처지였습니다. 그런 장보고가 무예를 아무리 잘한들 신라에서 출세하기는 낙타가 바늘구멍 통과하기보다 힘들었던 것이지요. 지방 평민 대다수는 출세의 기회조차 잡을 수 없었으니까요. 그렇기에 장보고는 '무장이 되고 싶다'는 꿈을 꾸며 당나라로 떠난 것입니다.

신라 섬 소년,
당나라 군대의 간부가 되다

원대한 꿈을 품고 당나라에 도착한 청년 장보고와 정년은 서주라는 도시가 있는 강회 지역으로 가서 무령군武寧軍에 입대합니다. 무령군은 서주 일대를 다스리던 절도사가 지휘하는 군대로, 당나라에서 절도사는 일종의 지방군 사령관이자 동시에 행정권까지 행사하는 막강한 권한을 가진 관리였습니다. 그런 서주 지역 절도사의 주력 부대가 바로 무령군이었지요.

그렇다면 왜 장보고와 정년은 수많은 군대 중 무령군에 입대했을까요? 무령군이 신라인 등 외국인 용병을 적극적으로 기용해 쉽게 들어갈 수 있었기 때문입니다. 그뿐만 아니라 외국인이라도 공을 세우면 고위 관직에 오를 수 있는 길이 열려 있었지요.

이때 장보고는 우리가 잘 알고 있는 이름인 '장보고'로 이름을 바꾸고 새로운 인생을 시작합니다. '궁' 자가 들어간 베풀 장張을 성으로 삼고 '복'의 음을 두 자로 늘려서 '보고'로 만든 것이지요. 원래 신라의 평민은 성이 없었습니다. 성이란 왕족이나 귀족만 가진, 일종의 특권이었어요. 그런데 당나라에서는 누구나 성과 이름을 가지고 있었습니다. 장보고가 당나라에서 살기 위해서는 현지 방식에 따라 성이 필요했지요. 그래서 당시 당나라에서 흔한 성이었던 '장'을 써서 이름을 만들었을 것이라 추측합니다.

이름까지 새로 만들며 낯선 나라에 적응하려 했던 장보고. 그는 과연 무령군에 잘 적응했을까요? 《삼국사기》에 따르면 장보고는 무령군에서 뛰어난 무예 실력을 보여줬다고 합니다. 말도 잘 탔다고 전해지지요. 섬에서 태어나 말은 타본 적도 없었을 텐데, 뛰어난 실력을 갖추기까지 피나는 노력을 쏟았을 것입니다. 남들보다 몇 배로 훈련하고 타고난 재능까지 더해져 장보고는 금세 무령군에서 두각을 나타낼 수 있었습니다.

당나라에 온 지 5년이 지난 815년, 20대 중반의 장보고에게 드디어 능력을 발휘할 순간이 찾아왔습니다. 서주에서 당나라가 발칵 뒤집히는 사건이 일어났기 때문입니다. 서주 위쪽의 산둥반도와 치주, 청주를 장악하고 있던 이사도 세력이 당나라를 장악할 목적으로 반란을 일으킨 것이지요. 반란군과 무령군 사이에 피할 수 없는 전쟁이 벌어졌습니다.

이사도 세력은 절도사 출신인 이사도의 할아버지 이정기 때부터 무려 삼대에 걸쳐서 이 지역의 군사권은 물론 행정권까지 장악해 왔습니다. 덕분에 하나의 독립 국가처럼 행세할 정도로 막강한 힘을 가지고 있었지요. 이사도 세력은 발해, 신라와의 무역을 독점하면서 재력을 키웠고 50년이 넘게 중앙 조정과 대립했는데, 그때마다 번번이 당나라 군대가 질 정도였습니다.

그런 이사도 세력이 당나라 중앙 정부의 통제를 벗어나 주변 지역을 공격하며 반란을 일으켰으니 중앙 정부에서는 '이번에야말로 제대로 제압하겠다!' 하고 작정했습니다. 그리고 대규모 토벌군을 출정시켰지요.

토벌군의 선봉에는 무령군이 있었고 무령군에는 신라 출신의 두 청년 장보고와 정년이 있었어요. 전장에서 장보고는 특유의 승부욕과 배짱, 뛰어난 무예 실력을 발휘하면서 활약했습니다.

"말을 타고 창을 쓰면 대적할 수 있는 사람이 없었다."

《삼국사기》44권, 열전 장보고·정년

만만치 않았던 두 세력의 전쟁은 쉽게 결판이 나지 않았고 피 튀기는 전쟁터에서 두 청년은 목숨을 걸고 싸웠습니다. 무려 4년 동안 계속된 전쟁은 819년, 마침내 무령군의 승리로 마침표를 찍었습니다.

치열했던 전쟁이 끝나고 장보고와 정년은 무령군 소장에 임명됩니다. 무령군 소장은 현재 대대장급에서 연대장급 사이에 해당하는 직책으로 무려 1,000명의 병사를 지휘하는 자리였습니다. 신라의 작은 섬 출신 소년이 초특급 승진으로 당당하게 당나라 군대의 간부가 된 순간입니다. 장보고가 9년간 흘린 피땀, 눈물이 드디어 결실을 맺은 것이었어요. 혈혈단신으로 그저 꿈만 안고 당나라에 왔던 장보고로서는 그토록 바라던 출세의 꿈을 이룬 셈이니 무척이나 감개무량했을 테죠.

제2의 인생,
해상 무역가의 길로 들어서다

당나라군에서 인정도 받았으니 장보고 앞에는 탄탄대로가 놓여 있었을 것입니다. 그런데 그로부터 2년 뒤인 821년, 장보고는 돌연 무령군을 떠납니다. 무엇이 그를 무령군을 떠나게 만들었을까요? 이사도의 난을 토벌하면서 장보고는 당나라의 또 다른 모습을 발견했습니다. 바로 국제 교역 국가로 그 어느 때보다 성황을 누리는 모습이었죠.

당시 당나라는 실크로드와 바닷길을 통해 동서양의 통로가 되어 활발하게 교역하고 있었습니다. 아라비아, 인도, 발해, 신라 등지에서 온 무역 상인들과 물건들로 성황을 이루었지요. 신기하고 귀한 물건을 사기 위해 당나라 수도 장안과 곳곳의 항구는 늘 북새통이었습니다. 그 모습을 본 장보고는 '해상 무역에 도전해 보자!' 결심한 것입니다.

장보고가 무역으로 마음을 돌린 것은 무령군에서 더 위로 진급하기는 어려울 것으로 판단했기 때문인 듯합니다. 무령군에서 계속 제자리에 머무르기보다 신라 평민이 당나라에서 성공할 수 있는 방법 중 하나였던 무역업을 선택한 것입니다. 당시 무역 기조는 조공무역에서 사무역으로 변하고 있었기 때문에 개인적으로 무역을 해서 돈을 버는 평민도 많아졌습니다. 장보고는 그런 모습을 보면서 무역업에 대해 주의 깊게 살폈을 테고, 확신이 서자 군을 나와 해상 무역에 뛰어들었을 가능성이 크다고 봅니다.

제2의 인생을 살겠다고 결심했으니 직접 무역업을 하며 경험을 쌓아야겠지요? 장보고는 아마 처음에는 배를 가지고 무역하는 상인들을 모아서 소규모로 무역을 시작했을 것입니다. 그러고 나서 무역상으로서 도약할 수 있는 기반 지역을 물색했겠지요. 신라인이 모여 살고 있었던, 이사도 세력이 장악한 지역인 산둥반도가 장보고가 무역업의 거점으로 삼은 곳입니다.

당시 신라인들이 모여 살던 곳을 신라에 마을 방坊을 붙여 신라

산둥반도 신라방 당나라에 형성된 신라인 집단 거주지 신라방에는 숙박을 할 수 있는 여관인 '신라관'과 관청 '신라소', 사찰 '신라원(법화원)'이 있었다.

방新羅坊이라 불렸습니다. 신라인 동네라고 이해하면 되는데, 당시 당나라 동쪽 해안 곳곳에 신라방이 분포되어 있었고, 삼국시대부터 교류가 활발했던 산둥반도에 특히 많았지요. 신라방에는 적게는 수십 명, 많게는 수백 명이 모여 살았던 것으로 추정됩니다. 규모가 작지 않다 보니 신라인을 통솔하기 위한 행정기구도 있었고, 마치 하나의 자치 구역처럼 운영되었습니다.

신라방의 신라인들이 주로 하던 일이 무엇이었을까요? 바로 바닷길을 통해 물건을 사고파는 해상 무역이었습니다. 중국 대륙 동쪽에서 우리나라 서해를 향해 뻗어 있는 산둥반도는 지리적으로 당나라, 발해, 신라, 일본을 연결하는 중요한 교통로였고 신라인들은 그 이점을 이용해 신라와 일본에서 물건을 사서 파는 해상 무역에 종사했습니다. 장보고 또한 활발하게 무역이 이루어지는 산둥반도의 신라방에 자리를 잡고 신라 상인들과 교류하면서 경험과 부를 쌓아나갔지요.

장보고가 이곳을 주목한 특별한 이유가 하나 더 있습니다. 이사도 세력이 무너진 뒤, 이 지역의 무역 상인들은 지도자 없이 흩어져 있었습니다. 이런 상황에서 장보고는 그들을 모아서 더 큰 판을 짜보고자 했습니다. 개별적으로 움직이는 신라 무역상들을 모아 큰 세력을 만들고 그들을 움직여 일본, 신라와 조직적으로 거래하려 한 것이지요.

해상 무역 확장을 꿈꾸며
무역 거점을 만들다

장보고는 산둥반도에서 무역을 배우고 기반을 쌓아나가며 자신의 계획을 하나씩 실현합니다. 우선 주변의 신라방 무역 상인들을 하나둘 포섭했습니다. 이들을 모아서 일종의 재당 무역 상인 조합을 구축하고 본인이 수장이 되어서 해상 무역을 확장해 나가려 한 것이지요. 장보고는 적극적으로 신라방 무역 상인들을 모으고 이들과 무역 정보를 공유하고 거래하면서 리더십을 발휘했습니다.

이 과정에서 장보고는 무역 상인들을 하나로 모을 수 있는 확실한 무언가가 필요하다고 생각했고, 823년 무렵 그동안 모은 돈을 투자해 산둥반도 적산포에 절을 세웁니다. 오늘날 재외 한국인들이 교회나 절 같은 종교 시설에 모여 인맥을 쌓고 정보를 얻으며 도움을 받듯 타지에 있는 신라인들이 하나로 모일 수 있는 장소를 마련한 것입니다. 바로 이 절이 적산법화원赤山法華院입니다. 오늘날 새로 중건한 적산법화원 장보고기념관 앞에는 거대한 장보고 동상이 당당하게 서 있습니다.

그렇다면 이곳에서는 어떤 활동이 이루어졌을까요? 주로 재당 신라인들과 무역 상인들을 위한 법회가 열렸습니다. 그뿐만이 아니라 이곳만의 특별한 점이 있었습니다. 신라 승려를 모시고 와서 고향의 언어인 신라어로 법회를 연 것이지요. 절을 찾은 신라인들

적산법화원 장보고기념관 내 장보고 동상 높이가 8미터, 무게가 6톤에 달하는 거대한 장보고 동상은 적산법화원 장보고기념관 한가운데 우뚝 서 장보고의 기백을 고스란히 보여준다. 지금의 적산법화원은 당나라 때 한 번 파손된 이후에 중건한 모습이다. 완도군청 제공.

은 신라어로 법회를 들으며 고향을 떠올렸고 타국에서 지친 마음에 위안을 얻었겠지요.

　적산법화원은 입소문을 타 신라인들로 성황을 이뤘고, 매년 정월 15일에는 200명이 넘는 신라인이 모일 정도였다고 합니다. 재당 신라인에게 적산법화원은 만남의 장소이자 '신라인'이라는 정체성으로 뭉치는 공간이었어요. 그리고 그런 장소를 마련해 준 장보고는 이국땅에서 느끼는 외로운 마음을 알아주는 고맙고 믿을 만한 사람이었습니다.

　단순하게 생각하면 장보고가 얻은 것은 신라인들의 고마운 마음뿐이었을 것 같지만, 그는 적산법화원을 통해 더 큰 재산을 얻었습니다. 적산법화원의 기능 중 하나는 무역 상인들과 산둥반도를 거쳐 외국으로 가는 외교 관리들의 숙식을 제공하는 것이었기에 장보고는 자연스럽게 권력자와도 인연을 맺게 되었습니다. 장보고의 세력권이기도 한 해주, 양주, 항주 등지의 신라방 무역 상인들이 이곳에 모이게 되면서 무역 정보와 자본을 확보하며 판을 키울 수 있었습니다. 한마디로 장보고는 적산법화원을 통해 해상 무역을 위한 탄탄한 인맥과 더 넓은 판로를 얻게 된 것이었지요.

연력사 연력사는 일본 천태종의 총본산으로, 일본 천태종의 3대 좌장인 엔닌이 장보고 대사의 도움을 받아 중국 적산에 있는 법화원에 머물며 순례 활동을 한 것으로 전해진다. 이러한 인연으로 연력사에 청해진 대사 장보고 비가 건립되었다.

또한 장보고는 적산법화원을 거점으로 일본과도 인연을 맺게
됩니다. 일본의 국제 무역항인 하카타항으로 직접 가 유통망을 개
척하기도 하고 무역에 필요한 통역사를 구하는 등 적극적으로 일
본 무역 상인들과도 교류하면서 영향력을 넓혔습니다.

승승장구하던 장보고가
신라 왕을 찾아간 까닭

해상 무역가로 승승장구하던 장보고는 또다시 놀라운 결정을
내립니다. 해상 무역에 뛰어든 지 7년째 되던 828년, 18년 전에 떠
나온 고향 신라로 돌아가겠다고 선언한 것입니다.

장보고가 신라로 돌아가기로 결정을 내린 가장 주된 이유는 해
적이었습니다. 동아시아 바다에는 바다의 무법자 해적들이 호시
탐탐 무역선을 위협했습니다. 그들은 장보고와 상인들이 무역선
을 띄울 때마다 배를 급습해서 무역품을 약탈했고 그로 인한 피해
는 나날이 늘어났습니다.

게다가 당시 해적들은 신라 해안가에 침입해 납치까지 일삼았
는데, 그렇게 잡아 온 신라인을 당나라 시장에 끌고 가서 노예로
팔아넘겼습니다. 같은 나라 사람들이 시장에서 물건처럼 팔리는
처참한 모습을 본 장보고는 분노가 치솟았습니다.

그러나 당나라에서도 이렇다 할 해결책을 내놓지 못하는 상황에서 신라 출신인 장보고는 무력을 쓸 수도 없었지요. 결국 신라로 가서 마음껏 해적을 소탕하기로 마음먹은 것입니다. 신라에 도착한 장보고는 바로 신라의 수도인 금성으로 향했고 당시 신라를 다스리던 제42대 왕 흥덕왕에게 신라에서의 활동을 허락받고자 했습니다.

> "중국을 두루 다녀보니 우리나라 사람을 노비로 삼고 있습니다. 부디 청해에 진을 설치하여 적도들이 사람들을 중국으로 잡아갈 수 없게 하십시오."
>
> 《삼국사기》 44권, 열전 장보고·정년

신라 평민 출신으로 당나라에서 자리를 잡은 해상 무역가 장보고가 신라에서 마음껏 활동하려면 왕을 설득해야 했기에 장보고는 회심의 한마디를 던집니다.

"당나라를 두루 다녀보니 신라 사람들을 노비로 삼고 있어서 너무나 안타까웠습니다. 부디 바다 근처에 군사 진영을 설치해서 해적들이 신라인을 중국으로 잡아갈 수 없게 해주십시오!"

장보고는 청해진을 세워 군사를 거느리도록 해준다면 신라인이 당나라에 잡혀가지 않도록 지키겠다고 제안한 것입니다. 그런데 조금 이상하지 않나요? 왜 무역 이야기는 하지 않고 신라인 노비

이야기만 한 걸까요?

여기에서 장보고의 지략과 전략이 드러납니다. 장보고는 흥덕왕의 골칫거리를 정확하게 꿰뚫어 본 것입니다. 당시 신라의 큰 문제 중 하나가 바다에 출몰하는 해적이었어요. 하지만 신라는 해양 군사력이 약해서 해적을 소탕할 여력이 없었지요. 일본과 무역을 하며 신라의 상황을 파악한 장보고가 신라 왕을 설득할 수 있는 확실한 전략을 구사한 셈이었습니다. 장보고는 왕의 허락을 받아 공식적으로 군사를 거느릴 수 있게 되면 해적을 소탕한 뒤 고향 신라에 평화를 찾아주고 신라, 당나라, 일본 사이에서 삼각 무역을 할 계획이었어요. 일석이조 효과를 노린 야심만만한 제안이었습니다.

흥덕왕의 반응은 어땠을까요? 놀랍게도 흥덕왕은 갑자기 나타난 평민 출신 장보고의 제안을 흔쾌히 받아들입니다. 청해진 설치는 물론 1만 명의 군사를 거느리는 것도 허락했습니다. 당나라에서 무령군 소장을 지냈으며 적산법화원을 세워 재당 신라인을 한데 모은 장보고의 명성은 이미 신라에서도 유명했고 해양 군사력이 약한 신라 입장에서는 장보고가 쓸모 있는 인물이었기 때문일 것입니다.

이때 흥덕왕은 장보고에게 청해진 대사 자리를 내리는 파격적인 혜택을 주었습니다. 청해진 대사는 장보고가 독자적으로 청해진을 운영할 수 있는 자리였습니다. 원래 청해진 대사라는 직제는 신라에 없었어요. 엄격한 골품제의 나라 신라에서 장보고에게 줄 수 있는 공식적인 자리가 없다 보니 장보고를 위해 공식적으로 권한을 가지고 일하는 관리라는 뜻에서 '대사'직을 만들어 준 것입니다. 장보고가 대내외적으로 위상을 가지고 활동할 수 있도록 신라 왕실이 전폭 지원한 것이었지요.

청해진 대사 장보고, 해적을 섬멸하다

청해진 대사가 된 장보고는 자신이 구상한 청해진을 만들고 군사를 모으기 위해 미리 생각해 놓은 입지로 향했습니다. 장보고가 청해진을 세우겠다고 한 '청해'는 어디였을까요? 바로 신라의 서남해안에 있는 장보고의 고향 완도였습니다. 지금의 전남 완도군 장도 일대지요.

청해진 위치

완도는 장보고의 고향이기도 했지만 장보고의 당나라 세력권인 적산법화원과 많은 신라방, 그리고 일본의 무역항 하카타와 다

완도 전경(좌, 완도군청 제공) 및 청해진 유적(우, 문화재청 제공) 청해진은 전라남도 완도 앞바다의 작은 섬, 장도에 있다. 장도는 섬 전체가 계단식 성의 흔적이 남아 있다. 외딴 섬처럼 보이지만 썰물 때면 육지와 오갈 수 있어 군사와 선단이 머무르면서 일하기에 좋은 장소였다. 성터 안에는 토기와 기와 조각이 발견되고 있고, 인근에 장보고가 지었다는 법화사 터가 남아 있다.

자이후의 중간에 위치해 있어요. 동아시아 삼각 무역 기지로 더없이 완벽한 장소였지요. 장보고는 청해진에 흙과 돌로 성을 쌓고 곳곳에 부두를 만들어 수십 척의 배가 드나들 수 있게 했습니다. 무역항 시설을 만든 것이지요.

　또한 완도는 섬이기 때문에 먼 바다로 나가기가 쉽고 해적선의 움직임을 감시하기에 용이했습니다. 장보고는 장정 1만 명을 모아 군사 조직을 꾸리고 무령군에서 익혔던 전술과 지휘 능력을 발휘해 철저히 훈련시켰습니다. 이후 장보고는 우세한 군사력과 탁월한 리더십으로 해적을 모두 소탕했습니다. 덕분에 신라의 바다는 오랜만에 안정을 되찾을 수 있었습니다. 물론 해적들이 사라졌으니 신라인들도 노예로 팔리지 않았고요.

"(청해진 설치) 이후 바다에서 우리나라 사람을 (노비로) 파는 사람이 없었다."

《삼국사기》 44권, 열전 장보고·정년

해적을 소탕한 장보고는 본격적으로 청해진을 무역 기지로 활용합니다. 신라인과 재당 신라인 등 자신의 인맥을 모아 대형 무역 선단을 조직했고 활발하게 삼각 무역을 펼쳤습니다. 장보고의 선단은 당나라에서는 책이나 비단, 청자를 샀고 일본에서는 명주실 등을 샀습니다. 신라의 수출품은 금과 은, 금속 공예품이었어요.

장보고 해상 활동 기록화 청해에 진을 설치한 장보고가 거느린 선단의 수군들이 해적 등 적선을 격파하는 장면을 그린 기록화이다. 전쟁기념관 제공.

생활에 필요한 수출입품도 있었지만 귀족을 상대로 판매하는 고급품도 많았지요.

무역은 더욱 활발해졌고 청해진은 날이 갈수록 성황을 이루었습니다. 청해진에는 장보고 선단의 무역선이 바쁘게 드나들었고 당나라와 일본에서 신라로 오는 배도 머물다 가기도 했지요. 무역 상인을 서로 연결해주고, 타국에서 온 상인이 팔고 싶어 하는 물건을 신라에 유통할 수 있게 해주기도 하면서 청해진은 단숨에 국제 무역의 중심지로 떠올랐습니다.

삼국을 사로잡으며 해상왕으로!

청해진이 명성을 쌓아갈 무렵, 장보고를 찾아온 반가운 이가 있었습니다. 바로 친구 정년이었습니다. 정년은 장보고가 무령군을 나올 때도 무령군에 남아 있었는데, 시간이 흘러 고향인 완도로 돌아온 것이었지요.

친한 친구도 합세했으니 얼마나 든든했을까요? 장보고는 믿음직한 사람들과 청해진에서 더욱 활발하게 무역을 펼쳤고, 거의 모든 물자가 청해진을 통해 들어온다고 해도 과언이 아닐 정도로 동아시아 세 나라에서 이뤄지는 무역을 독점하다시피 했습니다.

청해진과 장보고가 이렇게까지 성장해 해상 무역의 독보적인 존재로 자리 잡을 수 있었던 것은 장보고의 효율적인 항로 운용 덕분이었습니다. 당시 재당 신라인들이나 재일 신라인들은 제각각 편한 항로를 이용했기 때문에 무역선의 도착 시간이 서로 달랐고 경비도 일정하지 않았습니다. 반면 장보고는 청해진, 산둥반도, 하카타를 짧은 거리로 오갈 수 있도록 항로를 하나로 만들어서 시간과 경비를 단축했습니다. 장보고 선단만의 독보적인 항로와 항해술이 유명세의 원동력이었지요.

장보고 선단의 차별점은 또 있었습니다. 선단이 일반적인 물건

완도 법화사지 장도 청해진으로부터 서북쪽으로 약 2킬로미터 떨어진 상황산 아래에 있는 법화사 터로, 장보고가 지은 법화사는 신라 문화의 해외 진출과 함께 입당한 구법승들의 중간 휴식처 역할을 했으며 중국 산둥성에 있는 적산법화원과도 교류가 되었던 곳이다. 문화재청 제공.

만 팔았다면 큰 이윤을 남길 수 없었겠지요. 생필품을 사고판다면 너무 비싸게 팔 수도 없고 그만큼 많이 팔아야 하니까요. 무역의 가장 중요한 목적은 이윤을 남기는 것입니다. 장보고 선단은 더 특별한 물건을 공략했습니다. 왕실과 귀족이 혹할 만한 것, 바로 신기하고 희귀한 사치품을 사고팔기 위해 더 멀리, 더 활발하게 움직였어요.

당시 사치품에는 어떤 것들이 있었을까요? 비취모라는 비취조(물총새)의 털로 당나라 왕실과 귀족은 모자나 장신구를 만들었고, 신라 진골 귀족들은 목도리나 허리띠를 만들었습니다. 비취 색을 내는 물총새는 털의 색깔이 무척 아름다워서 인기가 많았지만 주로 캄보디아에서 수입했고 잡기가 어렵다 보니 어느 나라에서든 엄청나게 귀했어요. 거북이 등껍질로 만든 대모 빗 또한 신라, 당나라, 일본 귀족의 사랑을 한 몸에 받은 사치품이었습니다. 대모 빗은 주로 보르네오나 필리핀 등에서 수입해야 했지요.

손기술이 좋은 신라 사람들이 한땀 한땀 정밀하게 짠 양탄자도 인기가 있었고 특히 일본에서 비싸게 거래되곤 했습니다. 이 밖에도 당나라와 아라비아 상인들에게 산 비단, 에메랄드 목걸이 등은 부르

대모 감장 화문 빗 리움미술관 제공

는 게 값이었을 정도였지요. 장보고 선단이 어렵게 확보한 사치품은 신라 금성은 물론 부유한 지방 귀족, 당나라와 일본에서도 인기 만점이었습니다.

선단의 무역품이 인기가 높아질수록 장보고의 명성과 입지 역시 높아졌습니다. 그러나 장보고의 인기가 높았던 것은 단순히 무역을 잘해서가 아니었습니다. 그는 능력뿐만 아니라 인품으로도 유명했습니다. 중국 기록에는 "장보고는 인의지심이 충만하고 명견이 있으니 의리가 있는 사람이다"라고 적혀 있어요. 장보고가 이익만 좇았다면 국제적인 대규모 네트워크를 형성하기는 쉽지 않았을 것입니다. 그는 주변 사람에게 의리도 지키는, 신뢰할 수 있는 무역가였습니다.

왕위 쟁탈전으로 기로에 선 장보고

837년 5월의 어느 날, 청해진을 성공적으로 이끌며 이름을 드높이고 있는 장보고에게 새파랗게 질린 얼굴로 찾아온 누군가가 있었습니다. 바로 흥덕왕 옆에서 국무총리 격인 시중을 지낸 김우징이라는 인물입니다. 신라 왕실의 왕위 쟁탈전을 피해 장보고에게 몸을 의탁하러 도망친 것이었지요.

홍덕왕이 후손 없이 세상을 떠난 후에 신라 왕실에는 그야말로 피바람이 불었습니다. 당시는 신라 말기로 귀족의 세력이 어마어마하게 커졌을 때이죠. 그에 반해 왕권은 약한 상태에서 왕이 세상을 떠났으니 권력을 차지하기 위한 싸움으로 난리가 났습니다. 홍덕왕의 뒤를 이을 유력한 후계자였던 김우징의 아버지가 홍덕왕의 조카에게 죽임을 당했고, 이 조카가 신라 제43대 희강왕으로 즉위한 상황에서 김우징은 아버지를 죽인 자가 왕이 되었으니 '금성에 있다가는 나도 죽겠구나' 싶어 장보고가 지키는 청해진으로 몸을 피했던 것입니다.

수도와 멀리 떨어진 청해진에 있었지만 상황을 이미 파악하고 있던 장보고는 자신을 찾아온 김우징을 받아들일지, 내보낼지 밤새 고민했습니다. 김우징을 받아들이면 희강왕과 신라 왕실에 등을 돌리는 상황이 되어버리는 것이니까요. 일생일대의 기로에 놓인 장보고는 고심 끝에 김우징을 숨겨주고 안전한 거처까지 마련해 주는 결정을 내렸습니다.

장보고가 이토록 위험한 결정을 내린 이유는 무엇일까요? 아마도 홍덕왕 재위 당시 시중이었던 김우징이 장보고가 홍덕왕을 만날 수 있도록 중개했거나 장보고가 청해진을 설치할 때 도움을 준 것으로 추정됩니다. 일찍이 장보고와 인연을 맺은 것입니다. 그러니 자신의 목숨이 위태로운 상황에서 장보고가 있는 곳으로 몸을 피했겠지요. 장보고는 이 인연을 소중히 여겨 인간적인 의리와 도리를 우선했으리라 생각됩니다.

김우징은 2년가량 청해진에 몸을 숨겼고 신라 왕실에는 또다시 피바람이 불었습니다. 이번에는 김우징의 아버지를 죽이는 데 앞 장섰던 또 다른 귀족이 왕이 되었어요. 김우징은 꾹꾹 누르고 있던 울분과 분노를 참지 못하고 장보고에게 은밀한 계획을 털어놓습 니다. 장보고가 가진 군사를 빌려서 왕실을 치겠다는 것이었지요.

장보고는 당황할 수밖에 없었습니다. 김우징의 말은 역모였으 니까요. 김우징을 숨겨주는 것과 군사를 내주고 왕실을 치겠다는 것은 다른 문제였습니다. 지금까지 쌓아 올린 모든 재산과 지위가 한 번에 무너질 수도 있는 상황이었지요.

하지만 의리의 사나이, 장보고는 또다시 김우징의 편에 섭니다.

"옳은 것을 보고도 행하지 않으면 용기가 없는 것이니 저는 비 록 변변치 못한 사람이지만 명하시는 대로 따르겠습니다."

장보고는 지금의 왕이 유력한 왕위 계승자였던 김우징의 아버 지를 살해한 것, 그리고 김우징이 숨죽이고 사는 게 억울하고 분노 할 일이라 판단하고 기꺼이 김우징의 편에 의기투합합니다.

"의義를 보고도 행하지 않으면 용勇이 없는 것이라 하였습니다. 나 는 비록 용렬庸劣한 사람이지만, 명령하시면 곧 따르겠습니다."

《삼국사기》 신라본기 10권, 민애왕 원년(838)

장보고는 청해진 군사 중 무려 5,000여 명을 내놓고 가장 믿음직스러운 정년에게 군사를 이끌도록 했습니다. 모든 걸 걸고 자신을 돕는 장보고에게 김우징은 고마운 마음을 느끼며 장보고에게 약속을 하나 합니다.

연화문 수막새 수막새와 암막새는 목조 건축 지붕의 기왓골 끝에 사용되었던 기와이다. 청해진 유적 법화사에서 당초문 암막새와 연화문 수막새가 1조로 출토되었는데, 이는 드문 예로서 법화사가 대단히 중요한 용도의 건물이었을 가능성을 높여 주고 있다. 완도군청 제공.

"거사가 성공해서 내가 왕이 되면 내 아들과 그대의 딸을 결혼시키겠소."

신라 평민 출신 장보고의 딸이 왕자비가 되는 것은 어마어마한 신분 상승이었고 장보고로서는 상상도 못 해본 제안이었을 것입니다. 엄청난 약속을 받았으니 장보고도 거사가 성공하길 기원했겠지요. 마침내 정년과 청해진 군대를 필두로 김우징의 부하와 염장을 비롯한 여러 장군이 합세해 금성으로 출격했습니다. 당연히 신라 왕실에서도 김우징이 반란을 일으켰다는 소식을 듣고 군사를 출격시켰어요. 그렇게 금성으로 가는 길목에서 두 세력이 맞붙은 결과, 놀랍게도 장보고와 김우징의 군대가 승리를 거두었습니다. 이렇게 금성까지 입성한 김우징은 신라 제45대 왕 신무왕으로 즉위합니다.

드디어 굴욕의 세월을 지나 왕이 된 신무왕은 가장 큰 조력자가 되어준 장보고를 금성으로 불러들여 지금의 군 최고 사령관에 준

하는 감의군사에 임명하고 왕족과 공신이 받는 '식읍'을 2,000호나 내려주었습니다.

> "청해진 대사 궁복을 감의군사感義軍使로 봉하고 식읍 2,000호를 주었다."
>
> 《삼국사기》 신라본기 10권, 신무왕 원년(839)

　　장보고는 신라 최고 중앙 귀족에 버금가는 지위와 재산을 누리게 되었고 이제 평화로운 날만 계속될 거라 기대했습니다. 그러나 이런 장보고의 영광을 탐탁지 않게 보는 이들이 있었어요. 바로 신라 중앙 귀족들이었습니다. 그들은 평민 출신 장보고가 왕의 총애를 받고 기세등등해진 상황을 쉽게 받아들일 수 없었지요. 그런 귀족들의 분위기를 예민하게 감지한 장보고는 본분에 충실하기 위해 청해진으로 돌아가 다시 해상 무역에 전념합니다.

해상왕이 맞이한
허무한 죽음

　　하지만 장보고의 평화는 오래가지 않았습니다. 839년 7월, 어렵게 왕위에 오른 신무왕이 즉위한 지 6개월 만에 병으로 사망하고 신무왕의 아들 문성왕이 즉위했습니다. 신무왕이 장보고에게 한 약속 기억하시나요? 문성왕은 즉위 후 아버지 신무왕의 약속을 지키기 위해 깜짝 놀랄 선언을 했습니다.

"장보고 대사의 딸을 아내로 맞을 생각이오."

이 말을 들은 조정 대신들이 가만히 있지 않았겠지요? 역시나 결사반대를 외칩니다. 고작 섬 출신 평민인 장보고의 딸을 어떻게 왕비로 들이냐는 반발이었지요. 장보고가 아무리 국제적인 무역상이 되고 귀족에 버금가는 지위와 재산을 가지고 있어도 중앙 귀족에게는 그저 평민 취급밖에 받지 못한 것입니다.

> "궁복은 바다의 섬사람이거늘 그 딸을 어찌 왕실에 짝지을 수 있겠습니까?"
>
> 《삼국사기》 신라본기 11권, 문성왕 7년(845)

결국 문성왕은 중앙 귀족의 반대를 꺾지 못하고 아버지의 약속을 지키지 못했습니다. 장보고는 기대하면서도 한편으로는 이루어지기 힘든 일이라고 생각했을 것입니다. 남부러운 것 없는 장보고가 신라에서 유일하게 걸리는 게 신분이니 귀족들이 토 달지 못하는 신분으로 올라서고 싶은 마음도 있었겠지요. 하지만 장보고의 꿈은 결국 신분의 한계로 물거품이 되고 말았습니다. 그렇다고 해서 장보고의 위세가 꺾이진 않았습니다. 장보고는 자신이 당당히 군림할 수 있는 청해진에서 무역에 집중했어요.

그러던 어느 날, 장보고에게 또 누군가가 찾아옵니다. 김우징의 부하 장수이자 한때 동료였던 염장이었지요. 그가 찾아온 이유는, 뜻밖에도 장보고를 암살하기 위해서였습니다. 김우징을 왕으로 세울 때 장보고의 군대와 함께 힘을 합쳐 싸우기도 했던 염장은 왜 장보고를 암살하려 했을까요?

그 즈음 신라 사회에 '장보고가 딸이 왕비가 되지 못한 것에 앙심을 품고 청해진에서 반란을 일으켰다!'라는 소문이 돌기 시작했고 이 소문에 금성에 있는 왕실과 장보고를 견제했던 중앙 귀족들이 위협을 느꼈습니다. 그때 마침 장수 염장이 왕실로 찾아와 장보고가 금성까지 쳐들어오기 전에 직접 청해진으로 가서 장보고를 죽이고 오겠다고 한 것이었습니다. 장보고의 무시무시한 군사력을 두려워했던 문성왕은 장보고의 은혜도 잊어버리고 염장의 제안을 단번에 받아들였지요.

> 청해진의 궁복이 왕이 딸을 차비로 받아들이지 않은 것에 원한을 품고 청해진을 근거로 반란을 일으켰다. (…) 염장이 와서 아뢰기를 "조정에서 다행히 신의 말을 들어주신다면 신은 한 명의 병졸도 번거롭게 하지 않고 맨주먹으로 궁복의 목을 베어 바치겠습니다"라고 하였다.
>
> 《삼국사기》 신라본기 11권, 문성왕 8년(846)

왕의 허락을 받고 청해진으로 달려온 염장은 함께 일하고 싶다는 말로 장보고의 환심을 산 뒤 방심한 장보고를 기습적으로 공격했습니다. 함께 싸웠던 염장이 자신을 배신하리라고는 생각하지도 못한 장보고는 제대로 대처도 하지 못하고 목숨을 잃고 말았지요. 동아시아 바다를 장악했던 해상왕의 너무나도 허무한 최후였어요.

당시 장보고는 정말 반란을 일으켰을까요? 기록에는 장보고가 반란을 일으켰다고 되어 있지만 실제로 반란을 일으켰거나 반란을 일으킬 의지가 있었는지는 아직도 의문입니다. 장보고의 세력이 커지는 것을 본 신라 귀족들이 장보고를 견제하기 위해 암살을 계획한 것으로 추정할 뿐입니다. 해상왕국을 건설해서 신라에 부를 안긴 장보고를 암살하려 한 귀족들의 행태는 당시 중앙 정부의 편협함을 드러내는 것이며 동시에 신라가 멸망의 길로 들어선 징조로 볼 수도 있겠지요.

역적으로 죽고
해상왕으로 남다

장보고가 죽고 나서 청해진은 어떻게 되었을까요? 안타깝게도 장보고를 죽인 배신자 염장이 청해진을 차지합니다. 하지만 염장을 수장으로 인정하지 못한 청해진의 많은 주민이 당나라와 일본으로 흩어져 버립니다. 훗날 일본으로 넘어간 청해진의 주민들은 이렇게 말했다고 하지요.

"우리는 장보고가 다스리던 섬의 백성입니다. 장보고가 죽어 평안하게 살 수 없는 까닭에 이곳에 온 것입니다."

851년, 결국 청해진은 무역항의 기능을 잃고 폐쇄되고 말았어요. 청해진이 세워진 지 불과 23년 만의 일입니다. 동아시아 무역의 한 페이지를 찬란하게 장식했던, 장보고가 모든 걸 쏟아부은 청해진은 그렇게 역사 속으로 사라졌습니다.

신라인 장보고는 신분에 좌절하거나, 성공에 안주하지 않고 끊임없이 자신의 길을 개척했습니다. 처음에는 당나라에서, 그다음에는 바다에서 무한한 가능성을 발견하고 거대한 꿈을 현실로 이뤄낸 입지전적인 인물이었지요. 어떤 어려움에도 포기하거나 좌절하지 않고 오히려 대담한 실행력을 발휘했기에 동아시아 바다를 호령하는 해상왕으로 큰 업적을 이루는 일이 가능했던 것 아닐까요? 이런 장보고의 도전정신은 이후 궁예와 견훤, 왕건과 같은 새로운 호족들에게 이어져 후삼국 시대를 여는 데에도 영향을 주게 됩니다.

오늘날 우리는 자신의 꿈을 이루기 위해 적극적으로 상황과 환경을 바꿔나간 장보고의 노력에 주목할 필요가 있습니다. 현실에 안주하지 않고 끊임없이 노력해 더 나은 삶으로 나아간 그는 성공한 사업가가 된 이후에도 의리와 신뢰를 지키며 더 굳건히 입지를 다졌지요. 장보고처럼 달라지는 상황에 일희일비하지 않고 자기만의 속도로 한 걸음, 한 걸음 나아가다 보면 위기에도 쉽게 흔들리지 않는 단단한 사람이 되어 있을 것입니다.

멀리 떠난 충무공

이민웅(대구가톨릭대학교 역사교육과 교수)

1597년, 이순신은
왜 죽음을 생각했나

1597년 2월 26일, 한산도에 자리 잡은 조선 수군 사령부에 우렁찬 외침이 들려옵니다.

"통제사 이순신을 의금부로 압송하라는 주상전하의 명이시오!"

대체 무슨 소리일까요? 지금으로 치면 별 네 개를 단 대장 계급의 조선 수군 총사령관 이순신을 의금부로 끌고 가겠다는 임금의 명이었습니다. 갑작스러운 어명을 받고 순식간에 죄인이 된 이순신은 부하들 앞에서 갑옷을 벗고, 차고 있던 칼을 하나씩 내려놓은 뒤 조정에서 파견한 군관들에게 끌려 나갑니다. 의금부로 호송당하는 이순신의 모습을 본 백성들은 "장군, 어디로 가십니까. 장군이 안 계시면 우리는 다 죽습니다"라고 통곡하며 그를 따라갔어요.

백성의 사랑을 한 몸에 받는 이순신 장군이 하루아침에 죄인이 된 1597년, 조선은 위기에 빠져 있었습니다. 5년 전인 1592년에 임진왜란을 일으키며 조선을 침략한 일본이 또다시 한반도를 침략해 조선을 전쟁의 소용돌이로 몰아넣었기 때문입니다. 정유재란이 일어난 것이지요.

그러나 1597년은 영화 같은 승리의 순간이 있었던 해이기도 합니다. 일본군의 기세를 꺾고 조선에 승기를 가져다 준 '명량해전'이 있었지요. 이순신 장군은 명량해전에서 조선군을 지휘하며 역사에 다시 없을 승리를 거두었습니다. 조선 최대의 전쟁이 치러지는 동안 조선의 바다는 이순신 장군이 있기에 안심할 수 있었지요.

이순신 영정 아산 현충사 소장

하지만 이순신 장군 개인에게 1597년은 고통스러운 사건이 연달아 닥치며 죽음을 생각할 정도로 힘든 해였습니다. 앞서 이순신 장군이 의금부에 끌려간 이유는 놀랍게도 왕의 명령에 불복종했다는 것이었습니다. 당시 조선의 왕 선조는 이순신이 바다에 나가 싸우라는 자신의 명을 듣지 않았다며 어명을 내려 의금부로 압송합니다. 대체 어떻게 된 일일까요? 백전백승의 위대한 영웅으로 생각했던 이순신에게 무슨 일이 있었던 것일까요? 승장 이순신의 활약

뒤에 가려졌던, 때로는 고통스러워하고 때로는 절망할 수밖에 없었던 인간 이순신의 이야기를 벗겨보려 합니다.

특명, 바다에서
조선을 구하라!

1597년의 이야기를 살펴보기 위해서는 우선 임진왜란이 처음 일어난 1592년의 일부터 살펴보아야 합니다. 임진왜란과 정유재란으로 따로 부르기도 하지만 일반적으로 1592년부터 시작된 일본의 두 차례의 침략을 아울러서 임진왜란이라 부르는 만큼 두 전쟁을 떼어 놓고 이야기할 수 없거든요.

1592년 4월 13일, 일본군이 부산 앞바다에 기습적으로 쳐들어왔습니다. '명나라로 가기 위해 길을 내어 달라'는 명분으로 조선을 침략한 임진왜란의 시작이었지요. 철저하게 준비한 일본군 앞에서 조선의 지방 성들이 차례로 무너져 내렸습니다. 불과 20일 만에 수도 한양까지 함락되고 말았지요. 신무기인 조총을 앞세운 일본군 앞에서 조선은 속수무책이었습니다. 조선 땅은 일본군의 발아래 짓밟혔고 조선의 백성은 잔혹하게 약탈당했어요.

하지만 조선의 바다만큼은 상황이 달랐습니다. 조선의 바다를 든든하게 지키는 전라좌도의 수군 지휘관 이순신이 있었기 때문이지요. 육지에서는 연전연패인 조선군이지만 바다에서는 이순신의 뛰어난 전략과 지휘로 일방적인 승리를 거두고 있었어요. 이 승리를 가장 기뻐한 사람은 누구였을까요? 조선의 왕 선조였을 것입니다. 이순신의 활약 덕에 수세에 몰렸던 조선의 숨통이 트이고 선조 역시 한숨 돌릴 수 있었지요.

조선 수군의 승리로 일본군의 조선 침략 계획에는 엄청난 차질이 생겼습니다. 전쟁 동안에는 병력만큼이나 보급로가 중요합니다. 당시 일본군의 계획은 1차 부대가 육지로 먼저 치고 올라가면 2차 부대가 남해에서 서해로 이동해 주력 부대가 있는 한양과 평양에 물자와 무기를 보급하는 것이었습니다.

당시는 지금처럼 도로가 정비되지 않은 데다가 운송 수단에도 한계가 있었어요. 예를 들어 쌀 1,000석을 부산에서 한양까지 보내는 데 말 500여 마리가 필요했지요. 그런데 바다로 이동하면 배 한두 척이면 충분했습니다. 그래서 일본군은 주력 부대는 육지로, 보급은 해상을 통하기로 계획했습니다.

하지만 이순신이 이끄는 조선 수군이 일본 수군의 길목을 꽉 막아버렸기 때문에 일본의 계획에 비상이 걸렸습니다. 일본군의 보급로가 막혔던 것이지요. 식량과 무기 등의 보급이 막혀버리니 이런 상황을 타개하기 위해 임진왜란을 일으킨 일본의 최고 권력자 도요토미 히데요시는 일본의 정예부대를 남해로 급파해 눈엣가시인 이순신 부대를 물리치고 보급로를 확보하려 했습니다.

사천해전도 사천해전은 1592년 5월 29일 사천에서 일어난 해전으로, 이때 일본군 함대 13척을 격파하고 큰 승리를 거두었다. 이순신 함대 거북선이 처음으로 실전에 투입된 해전 이기도 하다. 문화재청 제공.

적군 배 100척 격파!
유례없는 해상 승리

1592년 7월 7일, 거제와 고성 사이에 있는 견내량에 일본군의 배 70여 척이 모여듭니다. 견내량은 굉장히 좁은 해변으로 암초 까지 많다 보니 배끼리 부딪힐 위험이 큰 곳이었지요. 견내량의 특성을 미리 알았던 이순신 장군은 견내량이 아닌 한산도 앞의 넓은 바다에서 전투를 벌일 계획이었습니다. 그래서 배 대여섯 척으로 구성된 미끼 조를 투입해 적을 한산도 인근 바다로 유인했습니다.

앞을 가로막는 조선 배를 쫓아 일본 함대가 한산도 앞바다로 들어선 그때! 좌우에서 기다리고 있던 조선 수군의 배가 세 개의 부대로 나뉘어서 등장합니다. 마치 학이 날개를 펼친 듯한 모습 같다고 해 '학익진鶴翼陣'이라 불리는 진형이었지요.

일본 함대를 완전히 포위한 조선 수군은 무차별 포격을 시작했고 일본은 제대로 된 반격도 하지 못하고 배 73척 중 59척이 침몰당하는 피해를 입었습니다. 이순신은 뒤따라 출격한 일본 함대까지 격파하면서 총 100여 척에 달하는 대함대를 3일 만에 불태워 없애는 역사상 유례없는 승리를

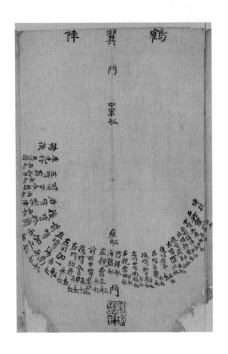

학익진도 《우수영전진도첩》에 여섯 번째로 실린 그림으로 학익진의 모양을 확인할 수 있다. 학익진법은 일렬 횡대의 일자ー字진 형태를 취하고 있다가 적이 공격해오면 중앙은 뒤로 물러나고 좌우가 앞으로 나아가 반원 형태를 만들어 적을 포위하는 공격 방식이다. 반원 형태가 되면 화력을 집중 공격할 수 있어 효과적이다.

거두었습니다. 이 전투가 잘 알려진, 임진왜란 3대 대첩 중 하나로 손꼽히는 '한산대첩'입니다.

한산대첩은 단순한 해상전이 아니었습니다. 넓은 바다에서 학익진을 펼칠 정도로 조선 수군이 잘 훈련되어 있었다는 증거이자 기동전술과 포격술이 어우러진 승리였어요. 해상에서 포위섬멸전을 이 정도로 정교하게 선보인 전투는 세계 해전사에서도 드물기 때문에 전 세계에서 손꼽힐 만한 해전입니다.

해상 전투에서 이순신을 절대 이길 수 없다는 걸 깨달은 도요토미 히데요시는 일본군에 해전 금지 명령을 내립니다. 한산대첩 이후 일본군은 더 이상 바다로 진출할 수 없었지요. 임진왜란의 승기가 조선으로 넘어오고 이순신이라는 이름 세 글자가 일본군에게 거대한 두려움으로 각인되는 순간이었습니다.

이순신, 왕의 의심을 받다

한산대첩 등 해전에서의 전공을 인정받아 이순신은 '삼도수군통제사'로 승진합니다. 전라·충청·경상 삼도의 수군을 통솔하는 자리로, 한마디로 조선의 수군 총사령관이 된 것입니다. 선조 또한 이순신의 능력을 인정하고 그에 맞는 대우를 해준 것이지요. 왕에게도 인정받고 백성에게도 사랑받으며 이순신의 명성은 나날이 드높아졌습니다.

바다에서 이순신의 승전보가 울리고 일본군의 보급로가 끊기자 육지의 전세도 조금씩 변하기 시작했습니다. 계속된 패배로 사기가 땅에 떨어졌던 조선 육군도 다시 힘을 내 싸웠고 전국 각지에서 나라를 구하기 위해 일어난 의병의 활약도 이어졌습니다. 이 무렵 일본이 조선을 점령하고 명나라까지 올라오는 사태를 막기 위해 명나라도 조선에 군대를 보내 일본군과 싸우기 시작했어요. 전쟁을 시작한 지 1년 만에는 빼앗겼던 한양도 되찾았습니다. 이제 전쟁의 양상이 바뀌고 희망이 보이기 시작합니다.

그런데 일본군의 해전금지령이 길어지던 어느 날, 선조가 충격적인 말을 던집니다.

> "이순신은 처음에는 힘껏 싸웠으나 그 뒤에는 작은 적일지라도 잡는 데 성실하지 않았고 또 군사를 일으켜 적을 토벌하는 일이 없으므로 내가 늘 의심하였다."
>
> 《선조실록》76권, 선조 29년(1596) 6월 26일

이순신이 어느 순간 전투를 게을리한다는 말이었습니다. 도대체 선조는 왜 이런 말을 하게 된 걸까요? 임진왜란 초반 1년 이후부터 이순신 부대가 거둔 성과가 별로 없었기 때문입니다. 하지만

이순신은 싸우고 싶어도 싸울 수가 없었어요. 도요토미 히데요시가 일본군에 내린 해전금지령 때문에 일본 수군은 이순신의 수군을 철저히 피해 다녔습니다. 도망다니는 적과는 싸우고 싶어도 싸울 수가 없었거든요.

이순신은 수시로 전쟁 상황을 조정에 보고했지만 선조는 귀담아듣지 않았습니다. 임진왜란 초기에는 희망적인 승전보를 울리던 이순신이 게으름을 피우며 싸우지 않는다고 생각한 것입니다. 이순신의 보고에는 눈과 귀를 닫고 오히려 괘씸하게만 여겼습니다. 이순신에 대한 큰 기대가 오히려 독이 된 결과입니다.

그러던 어느 날, 그렇지 않아도 이순신을 탐탁지 않게 여기던 선조가 폭발하는 사건이 일어납니다. 1597년 조선 조정에 솔깃한 첩보가 하나 들어왔습니다. 당시 일본군을 이끄는 장수는 고니시 유키나가와 가토 기요마사였는데, 둘은 서로 앙숙 관계였습니다. 그중 고니시가 조선 조정에 정보 하나를 흘린 것이었지요.

"가토가 군대를 끌고 바다에 나갈 예정이니 그때 공격하시오."

자신의 라이벌 가토를 적국인 조선의 손으로 제거하겠다는 계획이었습니다. 조선 조정에서는 고니시가 흘린 정보를 믿을 수만은 없었지만 두 장수는 소문난 앙숙이었고 서로 더 많은 공적을 올리려 하는 걸 알았기에 고니시의 정보를 믿고 가토를 공격하기로 합니다.

바다에서 일본의 가토 군대를 상대하기 위해 선택된 조선의 인

선조실록 서울대학교 규장각한국학연구원 제공

물, 누구일까요? 당연히 이순신이었습니다. 선조는 이순신에게 출전 명령을 내렸습니다.

"조선 바다로 오는 가토를 물리쳐라!"

그러나 이순신은 이 명령을 쉽게 따를 수가 없었습니다. 적군인 일본군으로부터 흘러나온 정보를 그대로 믿을 수 없었고, 가토가 온다는 부산 해역은 거센 파도로 항해가 쉽지 않은 데다가 정박할 만한 항구도 없어 전투에 유리한 곳이 아니었기 때문입니다. 섣불리 출전했다가는 조선 수군이 막대한 피해를 볼 수도 있는 상황이었기에 전략적인 판단 아래 신중을 기할 수밖에 없었습니다. 왕명에 따라 나가서 싸우자니 자신과 부하들이 위험에 처할 것이고 출전하지 않으면 왕명을 무시하는 것이니 얼마나 답답한 상황이었을까요.

선조는 이순신의 현실적인 판단을 결코 이해하지 못했습니다. 망설이는 이순신의 태도를 본 선조는 "이제 와 적장의 목을 베어 와도 절대 용서하지 않겠다!" 외치며 분노하고 맙니다. 그러고는 일본군이 쳐들어온다는 소식을 듣고도 움직이지 않으며 임금을 무시하고 나라의 적을 놓친 이순신을 당장 잡아들이라고 명했습니다. 이순신 장군의 체포 명령이 떨어진 순간이었지요.

"지금 와서 가토의 목을 베어 오더라도 결코 그 죄는 용서해 줄 수 없다."

《선조실록》 84권, 선조 30년(1597) 1월 27일

그렇다면 선조와 이순신의 사이를 완전히 갈라놓은 고니시의 정보는 진실이었을까요? 아니나 다를까, 눈엣가시인 이순신을 제거하려는 일본의 함정이었습니다. 일본은 조선 침략의 가장 큰 걸림돌인 이순신을 제거하고자 간교한 계략을 조선 조정에 던졌고 선조와 조선 조정은 이 계략에 빠져 조선의 바다를 철통방어하고 있던 이순신을 체포한 것입니다.

만약 이순신이 선조의 명령에 따라 부산 앞바다에 나가 싸웠다면 어땠을까요? 앞서 말한 대로 부산 앞바다는 파도가 높은 데다가 수많은 배가 주둔하고 있는 일본군의 본거지였습니다. 많은 함대를 끌고 가면 적에게 들켜버렸을 테고, 소규모 전력으로 출정했다면 일본군의 기습 공격을 받았겠지요.

반면, 이순신이 위험을 감지하고 출정하지 않아도 일본은 손해 볼 것이 없었습니다. 조선 수군 인사권을 쥐고 있는 선조가 이순신을 의심하고 수군 지휘관을 다른 사람으로 교체할 것이라 예상되었으니까요. 일본의 교활한 작전은 그대로 먹혀들었고 선조는 일본의 꾀에 빠지고 말았습니다.

몸과 마음이 찢겨나간
한 달 동안의 옥살이

1597년 2월 26일, 죄인이 된 이순신은 한양에 있는 의금부로 압송되었습니다. 나라를 위해 싸우다 죄인이 되고 만 것이지요. 당시 의금부에 갇힌 이순신을 구하기 위해 우의정까지 지냈던 대신 정탁이 선조에게 올린 상소문을 보면 이순신이 의금부에서 얼마나 무시무시한 고문을 당했는지 알 수 있습니다.

> "한 번 심문을 거치고는 그대로 상하여 쓰러져버리고 마는 자가 많아서, 설령 거기서 좀 더 밝혀내야 할 만한 사정이 있더라도 이미 목숨이 끊어진 뒤여서 어찌할 길이 없었습니다."
>
> 정탁, 《신구차(伸救箚)》

정탁은 자신이 죄인을 심문했을 때의 경험을 말하면서, 한 번 심문하면 그대로 목숨이 끊어지기도 한다며 읍소했습니다. "이순신이 죄를 지은 것은 분명하나 왕께서는 신하를 함부로 죽이기를 좋아하지 않는 측은지심이 매우 크고, 살려둔다면 적에게 위협이 될 만한 장수이므로 죽음만은 면하게 해 달라"고 간청합니다.

이 상소를 본 선조는 마음을 돌렸을까요? 선조는 마지못해 간청을 받아들입니다. 사실 일본과의 전쟁이 끝나지도 않았는데 이순신을 잃는 건 위험한 일이었으니까요. 전장에 나가 싸울 장수가 없는 상황에서 어쩔 수 없이 이순신을 용서해 달라는 상소를 받아들입니다.

의금부에서 한차례 고문을 받을 때 이순신의 나이는 53세였습니다. 1592년에는 해전에서 어깨에 총탄을 맞아 몇 달간 활을 쏘지 못할 정도로 고생했고, 50세가 되는 해에는 전염병에 걸려 생사를 넘나들기도 했지요. 그런 몸 상태로 의금부에서 고초까지 겪었으니 몸과 마음이 멀쩡할 수 있었을까요. 이순신은 투옥된 지 28일 만에야 감옥에서 풀려납니다. 1597년은 인간 이순신에게는 가장 괴로운 시기였을 겁니다.

"1597년 4월 1일. 맑음. 옥문 밖으로 나왔다."

《난중일기》

1597년 이순신의 첫 일기는 감옥에서 풀려난 4월 1일부터 시작합니다. 이날의 일기 첫머리에는 맑을 청晴, 구름 한 점 없이 맑은 날씨였다는 내용만이 간단하게 적혀 있습니다.

지친 몸을 이끌고 감옥을 나오면서 맑은 하늘을 본 이순신은 어떤 생각을 했을까요? '남의 속도 모르고 왜 하늘은 맑기만 한가', '이렇게 감옥에서 나온들 무슨 의미가 있을까' 하는 허무함이 몰려왔을 것입니다.

장군복을 벗고
백의종군하다

구사일생으로 사형은 면했지만 이순신은 지금껏 자신이 지켜온 바다로 돌아가지 못했습니다. 여전히 죄인의 신분으로 또 다른 처벌이 기다리고 있었기 때문입니다. 선조는 이순신의 처형을 보류한 것일 뿐, 죄를 완전히 용서한 것이 아니었습니다.

권율 영정 조선 시대 의주목사, 도원수 등을 역임한 문신이자 장수다. 임진왜란 3대 대첩 중 하나인 행주대첩을 승리로 이끌었다. 한국민족문화대백과사전 제공.

선조가 내린 처벌은 '백의종군白衣從軍'이었습니다. 흰 백白, 옷 의衣, 쫓을 종從, 군사 군軍을 써서 직역하면 '흰옷을 입고 군대를 따라간다'는 뜻입니다. 그래서 흔히 백의종군이라 하면 거친 흰옷을 입고 힘든 노역을 하는 모습을 떠올리지만 실제로 그렇지는 않았습니다. 백의종군은 직책 없이, 즉 장군복을 벗고 종군해 공을 세우게 하는 조선의 처벌법이었습니다. 오늘날로 따지면 보직해임과 유사한 일이지요. 보직 없이 다른 지휘관을 보좌하거나 혹은 직접 전투에 참가해 공을 세워 스스로 죄를 만회하도록 하는 것입니다.

직책을 모두 잃고 수군을 통솔할 수조차 없는 이순신은 어디로 가야 했을까요? 고문받고 지친 몸을 다 추스르지도 못한 채 한양에서 한참 떨어진 경상남도 합천 초계로 향했습니다. 이곳에 조선의 육군과 수군을 아우르는 전군 총사령관 도원수 권율의 진영이 있었기 때문입니다. 이순신은 권율 밑에서 작전권도 지휘권도 없이 일해야 했습니다. 일본의 계략으로 짓지도 않은 죄를 속죄받기 위해 기약 없는 인고의 시간이 시작되었습니다.

백의종군의 벌을 받고 초계로 향하던 이순신은 본가가 있는 충남 아산을 지날 때 또다시 충격적인 소식을 듣게 됩니다.

"1597년 4월 11일. 새벽꿈이 매우 번거로워 마음이 불안하다."

"1597년 4월 13일. 종 순화가 배에서 와서 어머님의 부고를 전한다. 가슴이 미어지는 슬픔이야 이루 다 어찌 적으랴."

《난중일기》

이순신은 며칠 전 꾼 꿈으로 마음이 불안한 상태였는데, 결국 어머니가 돌아가셨다는 부고를 듣게 됩니다. 더욱 충격적인 것은 여든셋의 노모가 옥에 갇힌 아들을 만나기 위해 여수에서 한양으로 오던 중에 돌아가신 사실이었습니다.

당시 항해 기술로는 풍랑이 이는 거친 바다를 건넌다는 게 여간 위험한 일이 아니었습니다. 그런 위험을 무릅쓰고 험한 뱃길을 떠난 이순신의 노모는 전남 법성포에 이르러 배를 대고 밤잠을 청하던 중 닻줄이 풀리면서 배가 떠내려가는 사고를 겪습니다. 그리고 6일이나 바다에서 표류하다가 결국 아산에 도착하기 이틀 전 기력이 다해 배 위에서 숨을 거두고 말았지요.

부모와의 사별은 누구에게나 가슴이 미어지는 일이지만, 이순신과 그의 어머니는 특히나 애틋한 모자였습니다. 이순신에게는 아버지가 일찍 돌아가셨고 위에 있던 두 명의 형도 모두 일찍 사망해 어머니만이 유일하게 기댈 수 있는 존재였으며 그런 어머니에게 이순신은 자랑스러운 아들이었습니다. 이순신은 홀로 남은 어머니를 모시는 데 최선을 다했고《난중일기》곳곳에도 이순신의 지극한 효심이 드러납니다. 전라좌도의 수군 진영인 여수에서 머무르던 이순신은 충남 아산에 계신 어머니를 향한 그리움을 일기의 첫 장에 남깁니다.

"1592년 1월 1일. 어머니 곁을 떠나서 두 번이나 남도에서 설을 쇠니 간절한 그리움을 이길 수 없다."

《난중일기》

《난중일기》에는 어머니에 관한 내용이 무려 100여 번이나 등장합니다. 언제나 생각하고 언제나 그리워했던 사랑하는 어머니가 돌아가셨다는 소식을 들은 이순신은 말 그대로 하늘이 무너지는

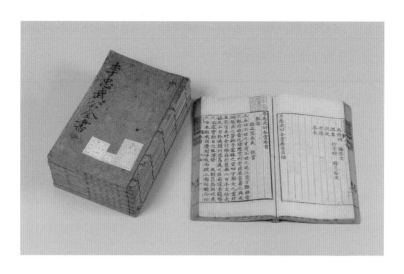

이충무공전서 정조의 명으로 이순신의 행적 및 유고를 모아 편찬한 책이다. 이순신의 난중일기가 수록되어 있다. 한국민족문화대백과사전 제공.

심정이었을 테지요.

더구나 이순신은 백의종군 중인 죄인이기에 장례조차 제대로 치르지 못했습니다. 함께 이동하는 의금부 관리에게 간절히 애원하고서야 겨우 상복을 입고 어머니의 영전에 인사만 올릴 수 있었습니다. 그러고는 가족과 친지에게 어머니의 장례를 맡기고 다시 백의종군의 길에 올라야만 했습니다. 돌아가신 어머니를 제대로 배웅하지도 못한 이순신은 이 세상에 자신과 같은 사정이 또 있겠냐며 처지를 비관했지요. 이 일로 죽음을 생각할 정도로 괴로워했습니다.

"1597년 4월 19일. 어찌하랴, 어찌하랴. 천지간에 나와 같은 사정이
또 있으랴. 어서 죽는 것만 같지 못하구나."

《난중일기》

이순신 없는 조선 수군,
최악의 패배를 겪다

괴로운 마음으로 어머니의 영정을 뒤로한 채 떠난 이순신은 합
천의 권율 밑에서 언제 끝날지 모르는 백의종군을 시작합니다. 하
지만 1597년 7월, 이순신은 또 다른 충격적인 소식을 듣습니다. 그
가 열과 성을 다해 지켜냈던 수군이 궤멸했다는 소식이었지요. 이
순신이 떠난 조선 수군에 도대체 무슨 일이 있었던 걸까요?

그 이유를 알기 위해 살펴보아야 할 인물이 한 명 있습니다. 이
순신이 쫓겨난 후 그를 대신해 자리를 차지한 인물이자 이순신과
악연으로 얽힌 사람, 바로 원균입니다. 원균은 이순신보다 다섯 살
이 많고 무과 급제는 무려 10년이 더 빠른 대선배였어요. 그런 그
는 임진왜란이 터진 뒤 까마득한 후배인 이순신이 영웅으로 칭송
받고 삼도수군통제사에 임명되며 상관이 된 것이 못마땅했습니
다. 시기와 질투는 물론이고 "이순신은 머뭇거리며 전투에 나가지
않는다"라고 말하며 헐뜯기를 서슴지 않았어요.

당시 문신이자 의병 활동을 한 안방준의 《우산집牛山集》을 보면 원균은 "이순신이 바다에서 왕 노릇을 한다"라는 말을 여러 사람에게 하고 다녔다고 합니다. 이 말이 왕인 선조의 귀에까지 들어갔고, 이순신에게 의심의 눈초리를 보내던 선조의 불신은 한층 깊어졌습니다. 이와 달리 선조는 원균을 후하게 평가했어요. '나랏일을 위해 죽음도 두려워하지 않는 인물'이라고 말할 정도였지요. 자연스럽게 이순신이 쫓겨난 자리는 원균의 차지가 되었습니다.

선조는 새로운 수군 지휘관 원균에게 부산에 주둔한 일본군을 공격하라는 명령을 내렸습니다. 이순신을 헐뜯으며 자신은 다를 것이라 자신했던 원균이지만 막상 부산 앞바다를 살펴보니 너무나 위험한 전투라는 걸 알게 됩니다. 하지만 이순신과는 다르게 행동해야 했기에 울며 겨자 먹기로 출정했어요. 그것도 조선 수군의 전 함대인 판옥선 160여 척을 모두 이끌고 말이지요. 결국 조선 수군은 일본군에게 크게 패하고 말았습니다. 이것이 조선 수군 역사상 최악의 패배로 꼽히는 '칠천량 해전'입니다.

당시 일본 수군에 맞선 원균의 수군은 제대로 싸워보지도 못했습니다. 원균과 조선 수군이 부산 앞바다에서 일본 수군을 마주한 그날은 날씨가 너무 안 좋아서 풍랑까지 크게 일었어요. 거센 파도가 판옥선을 휩쓸자 배 일부가 떠내려가 버렸고 겨우겨우 칠천량으로 이동해 닻을 내린 날 밤에는 일본군의 습격을 받았습니다. 새벽부터 포위 공격을 받으며 제대로 된 공격도, 후퇴도 시도하지 못

전함도 조선 후기 충청·전라·경상 삼도의 수군이 통제영 앞바다에 모여서 수조훈련水操訓練, 즉 함대합동 기동훈련을 하는 모습을 그린 것으로, 조선 시대 해상 전투에 투입된 판옥선의 특징을 확인할 수 있다. 판옥선은 바닥이 평평한 사각형의 선체인 평저선으로, 회전 반경이 좁고 기동성이 탁월하여 한반도 연안에서 운용하는 데 매우 적합했다. 또 2층으로 갑판을 올린 덕에 조선 수군들은 높은 상갑판에서 아래를 내려다보며 적군에 사격하는 것이 가능했다. 국립중앙박물관 제공.

한 채 원균마저 전사했고 지휘관을 잃은 조선 수군은 상상할 수 없을 만큼 참담하게 패배했습니다.

이 소식을 들은 이순신은 흐느껴 울고 말았습니다. 임진왜란을 준비하며 힘들게 마련한 모든 배와 전투 장비가 사라지고 어렵게 갖춘 한산도의 군사 시설 역시 무용지물이 되어버렸으니까요.

"1597년 7월 18일. '16일 새벽에 수군이 크게 패해 통제사 원균과 장수 등이 여럿 죽었다'라는 것이었다. 통곡이 터져 나옴을 이길 길이 없었다."

《난중일기》

하지만 무엇보다 이순신을 슬프게 한 건, 수년간 함께 훈련하고 전쟁을 치른 정예 수군 수천 명이 칠천량 바다에 수장되었다는 것이었습니다. 이순신에게는 끝없는 불행만이 오는 듯했습니다.

맨몸의 수군통제사, 전세 역전을 노리다

1597년 7월, 칠천량 해전의 대패로 이순신이 목숨 걸고 지켰던 조선의 바닷길은 결국 일본 수군의 손에 넘어가고 말았습니다. 바다에서 제대로 방어하지 못하니 일본군은 아무런 방해를 받지 않고 육지로 올라갔고 선조는 다급한 마음에 이순신에게 편지를 보냅니다. 이때 선조의 대안은 이순신의 복직이었습니다. 이순신을 다시 삼도수군통제사, 즉 조선의 수군 총사령관으로 재임명한다는 것이었죠.

아무리 왕이라 해도 부끄러운 마음이 들었던 걸까요? 선조는 유례없는 낮은 자세를 취하며 무슨 할 말이 있겠냐며 후회가 담긴 글을 남겼습니다.

"그대의 직함을 갈고 그대로 하여금 백의종군하도록 하였던 것은 역시 사람의 모책이 어질지 못함에서 생긴 일이었거니와 그리하여

2장 벌거벗은 충무공

오늘 이같이 패전의 욕됨을 만나게 된 것이라 무슨 할 말이 있으리
오. 무슨 할 말이 있으리오."

이순신은 선조의 명령을 받고는 아무런 불만을 표시하지 않은
채 묵묵히 삼도수군통제사 자리를 다시 맡았습니다. 하지만 이순
신에게는 도원수인 권율이 내어준 군관 아홉 명과 군사 여섯 명이
전부였어요. 배 한 척 없는 삼도수군통제사 이순신은 아무것도 없
는 상태에서, 아니 절망만이 남은 상태에서 처음부터 다시 시작해
야 했습니다.

이순신은 통제사에 임명되자마자 길을 나섭니다. 그의 목표는
단 하나, '조선 수군의 재건'이었습니다. 이순신은 이동하면서 수
군 재건에 필요한 물자와 사람을 모으기 시작합니다. 일본의 침략
소식으로 텅 빈 마을의 관아에서 군량과 남은 무기를 챙겼고, 피난
길에 오른 백성들을 설득해 수군을 모집했지요. 다행히 이순신이
수군통제사로 다시 임명되었다는 소식을 듣고 칠천량 해전에서
살아남은 장수들이 휘하의 소수 병력과 함께 하나둘 모여들기 시
작합니다.

하지만 수군에게 가장 필요한 것은 바로 배, 전선戰船이었습니다.
이때, 이순신에게 반가운 소식이 들려옵니다. 열두 척의 배가 남아
있다는 것이었지요. 이 열두 척의 배는 갑자기 어디서 나타난 걸까

요? 칠천량 해전이 가망이 없다고 판단한 경상 우도의 지휘관들이 자신이 거느린 열두 척의 배를 이끌고 도망쳤었고 그 배들이 이순신의 휘하로 돌아온 것이었습니다. 말도 안 되는 일이지만 칠천량에서 도망친 배가 조선 수군을 재건하고자 하는 이순신의 희망이 된 것이지요.

천신만고 끝에 겨우겨우 수군을 재건해 나가는 이순신에게 또다시 선조의 명령이 내려옵니다.

"수군의 전력이 약하니 권율의 육군과 합류해 전쟁에 임해도 좋겠다."

수군 이순신에게 육군을 도와서 함께 싸우란 명령이라니, 병사도 배도 없으니 선조는 바다를 포기한 것일까요? 이때, 이순신은 역사에 길이 남을 말로 답합니다.

> "지금 신에게는 아직도 열두 척의 배가 남아 있습니다. 죽을힘을 다해 항거해 싸운다면 오히려 해볼 만합니다. 전선의 수는 비록 적지만 신이 죽지 않은 한 적은 감히 우리를 업신여기지 못할 것입니다."
>
> 《이충무공전서》 9권, 〈행록〉

과연 이순신은 자신만만한 마음뿐이었을까요? 조선 수군이 불리하다는 걸 이순신이 몰랐을 리가 없습니다. 다만 절대 바다를 포기할 수 없었던 것이지요. 이순신은 바다를 포기해서는 안 된다는 걸 이미 경험으로 알고 있었습니다. 바로 일본군의 보급로 차단 때문입니다. 이대로 바다를 포기한다면, 일본군의 보급은 원활해질 테고, 조선 전체가 일본의 손에 넘어가리라 판단한 것이었습니다. 이순신은 뒤로 물러설 수 없다는 절박한 심정으로 바다에 남기로 결심합니다.

당시 일본 수군은 칠천량 해전에서의 승리에 취해 있었고 주변 고을을 약탈하는 데 시간을 보내고 있었습니다. 조선과 명나라 연합군이 지키는 남원성을 공격하기 위해 조선 내륙으로 동원되기도 했어요. 일본 수군이 육지 전투에 참여하는 동안 이순신은 조선 수군을 재건할 시간을 확보할 수 있었습니다.

바다에서 죽기를 각오한 이순신이 이끄는 조선 수군이 전라남도 진도의 벽파진에 자리를 잡았을 무렵, 일본 수군 또한 조선 수군의 존재를 파악하고 가까운 거리까지 바짝 쫓아왔습니다. 9월 14일, 망을 보던 조선 군사가 일본 수군이 전라남도 해남군의 어란포까지 진격했다고 보고했습니다.

이순신을 코앞까지 추격해 온 일본 수군은 어란포를 새로운 전진 기지로 삼고 300여 척의 배를 집중시켰습니다. 반면 조선 수군의 배는 뒤늦게 합류한 한 척의 배를 더해 열세 척뿐이었지요. 조선 수군에는 더없이 불리한 상황이면서 전투가 얼마 남지 않은 일촉즉발의 순간이었습니다.

13 대 133,
명량해전의 기적 같은 승리

다음 날, 이순신은 벽파진의 진영을 해남의 전라우수영으로 이동시킵니다. 수적으로 불리한 상황을 극복하기 위해 다시 지략을 발휘한 것이었지요. '울며 돌아가는 길목'이라고 해 '울돌목'이라 불리는 이곳은 한자로는 '명량鳴梁'이라고 불립니다. 명량은 바다에서 온 물살이 좁은 해협을 지나면서 거세지는 곳이었어요. 게다가 암초가 많아 물살이 부딪히면서 회오리까지 생겼지요. 이곳만 막고 있으면 적군의 배가 수백 척이라 할지라도 들어올 수 있는 배의 수는 한계가 있었기에 적군의 배가 들어오면 격파하고, 이어 들어오는 배를 또 격파하는 방식으로 수적 열세를 어느 정도 극복할 수 있다고 생각한 것입니다.

이순신은 휘하 장수들을 모아 결의에 가득 찬 말을 전합니다.

"더 이상 물러설 곳도 없다! 목숨에 기대지 말라. 죽고자 하면 살 것이요, 반드시 살고자 하면 죽을

울돌목 전라남도 진도군 군내면 녹진리와 해남군 문내면 학동리 사이의 해협으로, 명량해전의 격전지다. 수심이 얕아 배가 항해할 수 있는 범위가 작고, 밀물 때 남해의 바닷물이 한꺼번에 밀려와 서해로 빠져나가면서 빠른 조류가 흐른다. 물살이 빠르고 소리가 요란하여 바닷목이 우는 것 같다고 하여 '울돌목'이라 불렸다.

것이다.”

'필사즉생 필생즉사必死則生 必生則死', 죽기를 각오하고 싸우라는 명령이자 자신도 죽음을 각오하겠다는 다짐이었습니다. 이순신과 조선 수군이 바다를 내어주는 순간, 서해를 통해 육지에서 합류한 일본 육군과 수군에 의해 조선 땅은 짓밟힐 일만 남았으니까요. 또한 이 전투에서 진다면 선조가 다시 죄를 물을 수도 있었습니다. 이순신은 '싸우다 죽을 것인가, 패배하고 죽을 것인가' 기로에서 죽음을 각오하고 전투에 나섭니다.

다음 날 아침, 망을 보던 군인이 다급하게 보고했습니다.

“수를 알 수 없을 정도로 많은 적선이 명량을 거쳐 곧장 오고 있습니다!”

마침내 대규모의 적선이 명량해협으로 밀려오고 있었습니다. 적선 300여 척 중 좁은 명량해협을 통과해 이순신 함대와 맞선 적선은 133척이었습니다. 이순신의 수군은 열세 척이니 무려 열 배가 넘는 전력 차이였습니다.

13 대 133의 싸움, 이순신은 즉각 명령을 내렸습니다.

“전군 출정하라!”

엄청난 규모의 적선을 마주했지만 이순신의 대장선은 선두로 힘차게 나아갔습니다. 그러나 뒤를 돌아보고는 곧 분노하고 말았습니다. 이순신을 뒤따라야 할 아군의 배들이 한 발짝도 따라오지 않았던 것이지요. 이순신의 대장선과 그 뒤를 따라야 하는 열두 척의 배는 어느새 꽤 멀리 떨어져 있었습니다. 조선 수군이 엄청난 수적 열세 상황을 파악한 뒤 두려움에 휩싸인 것이었습니다. 칠천량 해전에서 참패를 겪은 지 겨우 2개월밖에 지나지 않은 조선 수군은 전력에서, 또 기세에서도 일본 수군에게 밀릴 수밖에 없었습니다.

진퇴양난에 빠진 이순신에게 남은 방법은 홀로 싸우는 것밖에 없었습니다. 133척의 적선을 앞에 둔 이순신의 대장선은 한 시간가량 홀로 전투를 벌입니다. 이순신은 아군의 배를 향해 외치고 또 외칩니다.

"동요하지 말라! 적선이 아무리 많더라도 우리 배에 올라타지 못한다. 마음 흔들리지 말고 힘을 다해 적을 쏴라!"

화포를 쏴 적선 한 척이 부서져 가라앉으면 새로운 배가 몰려들었습니다. 조선 수군은 끊임없이 화살을 쏘며 대응했고 기어코 대장선을 기어오르는 일본 병사들이 있으면 긴 낫으로 힘차게 내려찍기까지 했습니다.

한 시간가량을 홀로 고군분투하는 이순신의 대장선을 향해 드디어 두 척의 배가 앞으로 나아왔습니다. 정신없는 혼전 속에서 이순신은 후방의 배를 향해 외쳤습니다.

"너희가 군법에 죽고 싶으냐? 당장 처형할 일이지만 우선 공을 세울 기회를 주겠다!"

그제야 다른 배도 합세해 교전을 시작했습니다. 드디어 조선 수군이 모두 움직이기 시작한 것이지요. 하지만 여전히 구름 떼처럼 몰려든 적선에 맞서는 건 열세 척의 배로는 어림도 없는 일이었지요. 하지만 이순신은 포기하지 않았습니다.

오후 1시가 다가올 무렵, 전투의 흐름이 바뀌기 시작합니다. 갑자기 물살의 방향이 바뀐 것이지요. 명량해협의 물살은 하루에 네 번, 약 여섯 시간마다 방향이 바뀌는데 물살이 워낙 세서 한번 바뀌어 흐르기 시작하면 거스르기란 쉽지 않았어요.

그 순간, 적선은 역류를 타기 시작합니다. 조선 수군의 반대 방향으로 밀려난 적선들은 조선의 판옥선에 접근하지 못했어요. 반면 판옥선은 일본 수군을 향해 진격하기 좋은 물살을 탔고 반격의 기회를 놓치지 않은 이순신은 거센 공격을 퍼붓습니다. 거센 물살과 포화에 적선은 하나씩 침몰했고 이순신은 기적적인 승리를 이루어냅니다.

죽음을 각오하고 싸운 이순신의 함대는 명량에서 끝내 일본군을 막아냈습니다. 우리 역사에는 존재하지 않았고 세계사에서도 드문 승리였습니다. 열 배 이상의 전력 차를 극복한 대단한 전투였지요.

명량해전의 승리로 전쟁의 양상은 180도 바뀌게 됩니다. 이순신에게 대패한 일본 수군은 끝내 서해로 들어서지 못했고 조선과 명나라의 연합군과 대치하고 있던 일본 육군은 결국 보급 문제와 겨울철 추위 때문에 후퇴하게 되었지요. 이순신은 한산대첩의 승리

해남 명량대첩비와 비각 임진왜란 당시 명량대첩을 승리로 이끈 이순신의 공을 기념하기 위해 세운 비이다. 비문에는 이순신 장군이 진도 벽파정에 진을 설치하고 우수영과 진도 사이 좁은 바다의 빠른 물살을 이용해 왜적의 대규모 함대를 무찌른 상황이 자세히 기록되어 있다. 문화재청 제공.

로 임진왜란의 승기를 조선으로 가져왔던 것처럼, 명량해전의 승리로 다시 정유재란에서 승기를 거머쥐었습니다.

나라를 지켜내고
가족을 잃다

거대한 승리 이면에 자리한 인간 이순신의 시련은 아직 끝나지 않았습니다. 명량해전을 마치고 한 달여 뒤인 1957년 10월, 이순신은 '통곡慟哭'이라고 적힌 편지 한 통을 받습니다. 편지에는 아산 본가에 있던 이순신의 셋째 아들이 죽었다는 내용이 적혀 있었습니다. 명량에서의 패배를 복수하기 위해 일본군이 이순신의 가족이 있는 아산 본가를 습격했고 그로 인해 셋째 아들이 죽고 만 것이었습니다.

> "1597년 10월 14일. 내가 지은 죄 때문에 앙화殃禍가 네 몸에 미친 것이냐. 너를 따라 함께 죽어 지하에서 같이 지내고 같이 울고 싶건만… 내 마음은 이미 죽고 형상만 남아 있어 울부짖을 뿐이다."
>
> 《난중일기》

자신 때문에 아들이 죽었다고 생각한 이순신의 비통한 심경이 《난중일기》에 그대로 드러납니다. 조선의 영웅 이순신은 장수로서 나라와 백성을 지켰을 뿐인데, 정작 가장 아끼고 사랑하는 가족을 잃었으니 그 참담한 심정을 가늠할 수조차 없습니다. 전쟁 중이라 자신의 자리를 비울 수 없어 사랑하는 막내아들의 마지막 모습도 보지 못했습니다.

> "1597년 10월 16일. 내일이 막내아들의 부음訃音을 들은 지 꼭 4일째 되는 날인데, 마음 놓고 울지도 못했다."
>
> 《난중일기》

전쟁으로 사랑하는 가족을 잃은 사람이 많이 있었기 때문에 이순신은 자식을 잃고 마음껏 울지도 못했습니다. 오히려 부하들 앞에서 자식을 잃은 아버지의 슬픔을 보이지 않으려 애썼지요. 아직 전시 상황인 데다가 조선 수군을 이끄는 지휘관으로서 흔들리는 모습을 보일 수 없었던 것입니다.

고문당한 몸으로 행한 백의종군, 하늘 같았던 어머니의 죽음, 생사를 함께한 병사들의 궤멸, 죽음을 각오하고 싸운 명량해전, 그리고 아들의 죽음까지. 1597년 한 해 동안 벌어진 이 모든 걸 감당하기 어려웠기 때문일까요? 이날 일기에 따르면 이순신은 코피를 한 되 남짓 흘리고, 식은땀을 흘리며 몸이 상한 모습을 보였습니다.

몸과 마음의 고통을 홀로 삭이면서도 이순신은 조선 수군 총사령관으로서 책임을 다했습니다. 1597년 10월 말부터 이듬해 2월 중순까지 약 4개월간 조선 수군 재건 사업에 돌입합니다. 겨울이 되면 파도가 높아지는 데다, 당시의 배는 난방이 전혀 되지 않는 나무배였기 때문에 늦가을 이후의 해상 활동은 사실상 불가능했습니다. 그렇기에 다음 해 전투를 준비하는 시간으로 사용할 수 있었던 것이지요. 조선 수군은 즉시 출동 가능한 함선 40척 이상, 병력 2,000명 이상을 확보했습니다. 그사이 이순신에게는 가장 추웠던 겨울이 지나가고 있었습니다.

《난중일기》에는 1597년 정유년에만 등장하는 표현이 있습니다. 아들 면이 죽었다는 소식을 들은 날, '도야여년度夜如年, 하룻밤 지나기가 1년 같구나' 그리고 추위로 고통받으며 수군 진영을 보화도로 옮긴 11월 1일, '도일여년度日如年, 하루 지나기가 1년 같구나'라고 썼습니다. 가족을 잃고도 슬픔에 잠길 틈 없이 나라를 지키기 위한 전투를 준비해야 하는 처절한 현실과 찢어질 듯한 아픈 마음을 표현한 게 아니었을까요.

치열한 전투 속
비밀에 부친 장렬한 죽음

이순신이 명량해전에서 승리를 거두자, 보급선이 끊길 것을 걱정해 남해안까지 후퇴했던 일본군은 자신들이 울산과 사천, 순천에 만든 성에 갇혀 이러지도 저러지도 못하고 있었습니다.

그렇게 지지부진하게 시간만 흘러가던 1598년 어느 날, 갑자기 전쟁이 끝나버립니다. 임진왜란을 일으킨 원흉, 도요토미 히데요시가 죽었기 때문이었어요. 일본군은 도요토미 히데요시의 죽음을 극비에 부치고 본국으로 철수를 시작합니다. 7년간 이어진 기나긴 전쟁에 지친 조선, 명나라, 일본의 군인 중에 더 이상 싸우고자 하는 사람은 없었어요. 딱 한 사람, 이순신만 빼고 말이지요.

전쟁이 끝났지만 이순신은 평화롭게 살던 조선의 백성을 침략하고 나라를 짓밟은 일본군을 도저히 용서할 수 없었습니다. 이대로 돌려보냈다가는 조선을 업신여기고 다시 쳐들어올지도 모를 일이었지요.

이순신의 수군에 가로막혀 조선을 떠나지 못한 일본 부대를 탈출시키기 위해 일본군의 대규모 함대가 그곳을 향해 오고 있었습니다. 일본 함대 500여 척이 들어선 곳, 그곳은 바로 '노량해협'이었습니다.

11월 19일 새벽, 해뜨기 전 가장 어두운 시간에 양측이 해상에서 맞닥뜨리면서 전투가 시작되었습니다. 이날, 이순신은 적의 총탄에 맞아 장렬한 최후를 맞았습니다. 마지막까지 조선이란 나라와 백성만을 생각했던 이순신이 결국 전장에서 숨을 거둔 것이지요. 죽어가는 이순신이 남긴 유언은 널리 알려져 있습니다.

"전투가 한창 급하니, 나의 죽음을 알리지 마라!"

《이충무공전서》 9권, 〈행록〉

이순신의 죽음은 아군의 사기에도, 적군의 사기에도 영향을 미칠 게 분명했습니다. 노량해전은 혼전 상황이었기 때문에 이순신의 유언대로 그의 전사 소식이 알려지지 않았고, 접전 끝에 결국 11월 19일 정오경 조선과 명나라 연합 수군의 대승으로 전투는 끝이 납니다.

기적과도 같은 승리와 장렬한 죽음으로 우리에게 영원한 영웅

우국애정도 문화재청 제공

으로 기억되는 장군 이순신. 그러나 그의 삶에 승리의 영광만이 존
재하는 것은 아니었습니다. 그가 가장 빛나는 승리를 거둔 1597년
에 죽음을 생각할 정도로 수많은 시련을 겪었지요.

우리는 전투를 승리로 이끈 영웅 이순신의 활약을 이야기하며
그 감동만을 기억하려고 합니다. 하지만 그 뒤에는 인간 이순신의
슬픔과 고뇌가 있었습니다. 대단한 일을 해낸 영웅도 수많은 시련
을 겪은, 우리와 같은 개인에 지나지 않았지요.

영웅 이순신 뒤에 가려진 인간 이순신을 만나 보니 어떤가요?

나와 다를 것이라 생각했던 영웅도 여러 시련과 고난 속에서 자기의 길을 꿋꿋이 걸어가려 했던 한 사람일 뿐이라는 사실을 깨닫게 되지 않나요? 이순신의 삶이 여러분에게 용기와 희망을 전하길 바랍니다.

3장

벌거벗은 의승장

김용태(동국대학교 불교학술원 교수)

승려 사명대사는
왜 칼을 뽑았나

　우리가 흔히 봐왔던 조선 시대의 초상화는 왕이나 높은 지위에 오른 관리의 얼굴을 그린 것이었습니다. 조선 시대에 초상화는 누구에게나 허락된 게 아니었기 때문이지요. 그런데 유교의 나라 조선 곳곳에 한 승려를 그린 초상화가 있었고, 지금까지도 전해져 오고 있습니다. 오늘날 이 승려의 초상화를 보유한 사찰이 월정사, 마곡사를 포함해 20여 곳이나 있다고 하지요. 이 사람은 누구이기에 이렇게 많은 초상화를 남겼을까요?

　그 주인공은 바로 사명대사입니다. 처음 듣는 이름이거나 낯선 인물이라 생각하는 분이 많을 것 같아요. 조선 시대에 사명대사는 불교계뿐만 아니라 백성의 존경을 한 몸에 받는 명망 높은 승려였

사명당 영정 문화재청 제공

습니다. 도대체 어떤 인물이었기에 종교인을 넘어 한 명의 위인으로 이토록 존경받았을까요? 1592년, 임진왜란이 일어났을 때 사명대사는 살생을 금지하는 불교 계율을 어기고 최전선에서 백성과 조선을 지키기 위해 싸웠습니다. 유교의 나라 조선의 승려였던 사명대사가 임진왜란 최전선에서 칼을 뽑은 이유는 무엇일까요? 지금부터 그 진실을 벗겨보겠습니다.

사대부 집안 엘리트, 승려가 되기로 결심하다

사명대사가 부모에게 받은 이름은 임응규였습니다. 응규는 1544년 중종 39년, 경상남도 밀양에서 태어났습니다. 응규의 집안은 밀양에서 유명한 사대부 집안으로, 증조할아버지는 궁중 음악을 관장하는 장악원의 장악원정이라는 정3품 벼슬을 받은 인물이었어요. 이후 대구 수령을 지내기도 했지요.

사대부 집안에서 태어난 응규는 어릴 때부터 철저한 유교 교육을 받았습니다. 할아버지로부터 인仁, 의義, 예禮, 지智, 충忠, 효孝 같은 공자와 맹자의 가르침을 배우며 자랐지요. 응규는 할아버지의 가르침을 잘 따랐을 뿐 아니라 하나를 가르치면 열을 알 정도로 영특해서 일곱 살에는 유교의 이치에 관해 모르는 게 없을 정도로 총명했다고 합니다. 이렇게 똑똑한 손자를 가르치며 응규의 할아버지는 훗날 내 손자가 유교적 소양을 갖춘 유능한 관료가 되리라 기대했겠지요?

하지만 응규가 열다섯 살이 되던 해, 그의 인생을 뒤흔드는 일이 일어납니다. 어머니가 돌아가신 것이지요. 하지만 불행은 끝이 아니었습니다. 열여섯 살이 되던 해에는 아버지까지 돌아가셨습니다. 응규에게 유교를 가르쳐주던 할아버지는 이미 몇 해 전 세상을 떠나고 없었습니다. 연달아 가족을 잃은 응규는 의지할 사람 한 명 없는 처지가 되어버렸습니다.

> "15세에 먼저 어머니를 잃고, 16세에 아버지를 잃어 사고무친으로 혈혈단신이 되었습니다."
>
> 《분충서난록》

홀로 열일곱 살이 된 응규는 인생을 송두리째 바꿀 결정을 내립니다. 집을 떠나 승려가 되기로 결심한 것입니다. 응규는 어릴 때부터 유교 외에 불교에도 관심이 많았고 당시는 어려서 부모를 잃고 절에 들어가는 경우가 적지 않았습니다. 율곡 이이도 어머니 신사임당의 삼년상을 치르고 금강산에 들어가 1년간 불교에 매진했었지요. 부모님을 잃고 크게 상심한 응규는 승려가 되기로 결심합니다. 어릴 때부터 공부했던 유교적 가르침과 정반대의 길을 선택한 것이었습니다.

응규는 경상북도 김천 직지사의 승려가 되어 17년 동안 불렸던 이름 '임응규'를 버리고 승려로서 새로운 이름을 받습니다. 바로

직지사 전경 《사명당대사집》에 따르면, 대웅전에서 참선을 하던 주지 신묵대사가 낮잠이 들었는데, 꿈에 황룡이 나타나 천왕문 앞 은행나무를 감싸고 있는 기이한 광경을 보았고 잠에서 깨어 그 자리로 가보니 한 소년, 응규가 돌 위에서 낮잠을 자고 있었다고 한다. 양친을 여의고 괴로워하던 소년이 출가를 소원하니 신묵은 이 소년이 자신의 꿈에 본 황룡임을 직감하고 아이를 거두어 제자로 삼았다고 전해진다. 김천시청 제공.

'유정'이라는 법명이었어요. 부모님이 지어주신 이름을 버리고 새로운 이름을 얻는다는 것은 지금까지 살던 세상을 등지고 사대부로서 관직 진출도 포기한다는 뜻이었습니다. 사대부가의 아들 임응규에서 승려 유정으로 다시 태어난 것이지요.

당당히 승과 합격!
국가 공인 승려가 되다

승려가 된 유정은 공부에 매진했습니다. 그의 손에서 책이 떨어지는 날이 없었습니다. 불교 경전뿐 아니라 어렸을 때부터 읽은 유교 경전도 소홀히 하지 않으며 꾸준히 공부를 이어갔어요. 온갖 책을 탐독하며 세상의 이치를 깨치는 일에 몰두한 지 1년이 지났을 무렵, 열여덟 살이 된 유정에게 그동안 갈고닦은 실력을 선보일 기회가 생깁니다.

바로 '승과僧科'가 열린다는 것이었어요. 승과는 승려를 대상으로 나라에서 실시한 과거시험으로, 승과에 합격한다는 건 나라에서 인정하는 최고위급 승려가 된다는 의미였습니다. 국가에서도 인정한 승려였으니, 불교계에서 어떤 대우를 받았을지 예상되지요?

승과 합격자들은 중요 사찰의 주지가 될 수 있었습니다. 또한 과거시험에 합격하면 관직자가 되어 품계를 얻는 것처럼 승과에 합격한 승려에겐 '법계(승계)'가 주어졌어요. 당시 승려에게 법계를 주는 일은 조선의 조정, 예조에서 맡고 있었기 때문에 단계별로 법계가 높아짐에 따라 불교계의 높은 자리로 올라갈 수 있었습니다.

사실 승과는 고려 광종 때부터 시행된 시험이었습니다. 고려 다음에 들어선 조선이 유교 국가로 단단히 자리를 잡으며 불교를 배제하는 분위기가 강해졌고 결국, 중종 2년인 1507년에 승과는 폐지되고 말았습니다. 그런데 세월이 흘러 불교를 적극적으로 지지한 인물이 등장합니다. 중종의 왕비이자 명종의 어머니인 문정왕후였습니다. 불교에 푹 빠져 있던 문정왕후는 승과를 부활시켰고 유정이 열여덟 살이 되던 1561년에 대대적으로 네 번째 승과 시험을 연 것입니다.

당시 승과 시험은 3년에 한 번 시행되었고 합격 인원은 단 60명으로 정해져 있었습니다. 반세기 동안 폐지되었다가 부활한 승과 시험에 승려들이 구름 떼처럼 몰려들어, 온 산과 절에 불경을 외는 소리가 가득했다고 해요. 심지어 절에서 합숙소를 만들어 시험을 준비할 정도였지요. 지금으로 치면 승과 고시원이 생긴 것이나 다름없었습니다. 유정은 이런 치열한 경쟁을 뚫고, 첫 시험을 본 그해에 당당히 합격했습니다. 그런데 유정이 시험을 치르고 4년 뒤, 문정왕후가 세상을 뜨면서 승과는 다시 폐지되고 말았습니다. 유정은 운 좋게 14년간 반짝 부활했던 승과 시험에 응시해서 합격한 것입니다. 승과에 합격한 유정은 이후 자신이 속한 사찰뿐 아니라,

조선 불교계의 발전을 위해 다양한 노력을 기울였습니다. 동료 승려와 모임을 만들어 불교 경전을 연구했고 사찰 보존을 위한 활동을 이어나갔습니다.

주지를 마다하고
서산대사의 제자를 자처하다

어느덧 시간이 흘러 서른두 살이 된 유정에게 놀라운 기회가 주어졌습니다. 조정에서 유정을 조선에서 으뜸가는 사찰의 주지로 임명하겠다며 한양으로 오라고 명한 것이었지요. 그렇다면 유정을 어느 절의 주지로 임명한다는 걸까요? 바로 현재 서울 삼성동에 있는 봉은사였습니다. 당시에도 봉은사는 불교계에서 존경받는 유명한 고승들이 몸담은 조선의 권위 있는 사찰이었어요. 이런 사찰의 주지가 된다는 건 승려로서 명예로운 일일 뿐만 아니라 단숨에 불교계 주요 인사로 떠오를 기회였습니다. 누구라도 놓치기 싫은 기회였지요.

놀랍게도 유정은 이 제안을 단번에 거절합니다. 그는 권력이나 명예를 얻기보다 불교의 진리를 탐구하고 싶었기 때문입니다. 오히려 유정은 누군가의 제자가 되어 더 깊이 불교를 탐구하겠다고 결심합니다. 바로 조선 최고의 고승이자 당시 불교계에서 가장 존

서산대사 진영 서산대사 휴정은 선종과 교종을 함께 계승하며 이후 불교의 토대를 닦은 승려로, 임진왜란이 일어나자 전국에서 의승군 5,000명을 일으켜 나라를 구하는 데 큰 공을 세웠다. 국립중앙박물관 제공.

경받은 승려, 서산대사의 가르침을 받고자 했지요.

서산대사는 열두 살에 성균관에 입학한 수재였지만, 열다섯 살에 불교를 접하면서 출가한 인물입니다. 당시 불교는 참선 수행을 중시하는 선종과 교리·경전을 중시하는 교종, 이렇게 두 개의 공식 종파가 있었는데, 서산대사는 선종과 교종을 아우르는 선교양종판사까지 오른 불교계 최고 지도자였어요. 하지만 그는 이 높은 자리를 버리고 수행을 위해 묘향산에서 은거했지요.

모든 승려가 바라던 기회를 마다한 유정은 서산대사의 제자가 되기 위해 묘향산의 보현사로 향했습니다. 서산대사는 자신을 찾아온 유정을 수제자로 삼았습니다.

서산대사의 수제자가 되고 3년 후 유정은 자신의 불교 정신을 꿰뚫는 두 글자 '사명四溟'을 얻게 됩니다. 넉 사四에 바다 명溟을 쓴 사명은 '바다처럼 광활한 불법의 세계를 탐구해 사방에서 괴로움에 시달리는 중생을 구제하겠다'는 뜻이 담겨 있습니다. 선비들이 이름 앞에 '호'를 붙이는 것처럼 승려들은 법명 앞에 '법호'를 붙이는데, 유정은 처음 승려가 됐을 때 받은 자신의 법명 '유정' 앞에 법호로 '사명'을 붙였습니다. 훗날 임진왜란 명장으로 인정받는 '사명대사'가 탄생한 순간입니다.

일본군 장수를 물리친 남다른 기백

사명대사는 3년간 서산대사의 가르침을 받고, 서른아홉 살이 되던 해에 정처 없이 전국을 유랑하면서 자신의 불법을 전하고 제자를 양성했습니다. 점차 조선 불교계에서 사명대사의 이름이 드높아져 갔습니다.

그렇게 10년이란 세월이 흐르고, 1592년 6월의 일이었습니다. 당시 사명대사는 금강산의 유서 깊은 절, 유점사에 머무르고 있었어요. 외출하고 돌아온 사명대사가 유점사를 코앞에 두고 발걸음을 뚝 멈추고 말았습니다. 유점사의 승려들이 혼비백산하며 뛰쳐나오더니 산골짜기로 흩어져서 이리저리 도망치고 숨는 걸 목격한 것이지요. 대체 무슨 영문인지 모르는 사명대사에게 새파랗게 질린 얼굴을 한 승려가 외쳤습니다.

"일본군이 침입해서 금은보화를 찾다가 나오지 않으니 승려들을 죽이려 합니다!"

1592년, 앞서 이순신 이야기에서 살펴본 대로 임진왜란이 발발한 것입니다. 부산으로 쳐들어온 일본군은 두 달 만에 대동강을 건너 평양성까지 함락시켰어요. 선조는 조선의 끝단 의주로 피난을 떠나기까지 했습니다. 조선 곳곳을 침략한 일본군은 금강산 깊숙이 위치한 유점사까지 쳐들어왔습니다.

다급한 승려의 말을 듣고도 사명대사는 피하기는커녕 망설임없이 일본군이 장악한 절 안으로 들어갔습니다. 일본군에게 붙들려 꽁꽁 묶인 승려들을 보고 곧장 칼과 갑옷으로 무장한 왜장에게 다가가 대화를 시작합니다. 말은 통하지 않아도 조선과 일본 모두 한자를 쓰는 나라였기에 종이에 글을 써서 소통했어요. 사명대사는 필담을 통해 왜장이 어느 정도 교양을 갖췄으며, 심지어 불교신자라는 것을 알아냈습니다. 이때 사명대사는 목숨을 걸고 왜장을 향해 회심의 한마디를 써 내려갔습니다.

"불교는 살생하지 않음을 가장 중요히 여기는데, 어찌 이러는 것이냐!"

무장한 일본군에게 맞서기에는 너무나도 불리한 상황이었지만 왜장이 양심의 가책을 느끼도록 침착한 태도로 그의 잘못을 꼬집습니다. 긴장되는 순간, 왜장의 반응은 어땠을까요? 왜장은 자신을 질책하는 사명대사를 향해 가만히 고개를 끄덕이더니 거짓말처럼 칼을 거두고 포박한 승려를 모두 풀어주었습니다. 그리고 함께 온 군사에게 모두 금강산에서 철수하라고 명령합니다. 심지어 유점사를 떠나기 전 사찰의 문 앞에 '이 절에는 도승이 있으니 모든 군사는 다시 들어오지 말라'고 적은 경고문을 붙이기까지 하지요. 또다른 일본군이 유점사를 공격하지 못하도록, 이곳에는 도를 깨달은 고승이 있으니 해치지 말라는 뜻을 전달한 것이었어요.

왜장은 두려움 없이 당당한 사명대사의 기백에 범접할 수 없는 경외심을 느꼈던 걸까요? 혹은 필담을 나누는 사이에 숨길 수 없는 존경심이 들었던 걸까요? 놀랍게도 이런 일은 한 번이 아니었습니다. 재상 유성룡이 임진왜란에 관해 기록한 《징비록》에 따르

설법으로 왜장을 감동시킨 사명대사 유점사에 침입한 왜장을 유정이 설법으로 감화해 물러나게 하는 장면을 담은 기록화이다. 전쟁기념관 제공.

면, 무장한 일본군을 맞닥뜨렸을 때 다른 승려들은 도망갔지만 사명대사만은 한 발짝도 물러서지 않았다고 합니다. 그러자 일본군은 감히 다가가지도 못하고 합장한 뒤 예의를 갖추고 물러났다고 하고요.

임진왜란 발발, 전쟁터로 향한 승려들

유점사를 침입한 일본군을 물리치고 한 달이 지난 7월, 사명대사에게 다급한 외침이 담긴 편지가 도착합니다.

> "조선의 승병들이여! 일어서시오! 조국이 살아남을지 아니할지 모두가 이 싸움에 달려 있소. 우리 일치단결하여 결정의 싸움터로 진군합시다!"
>
> 〈서산대사 격문〉

이 편지에서 말하는 '승병'이란 승려들이 사찰을 지키기 위해 임시로 조직한 비정규군대로 일명 승군이라고도 합니다. 이렇게 승려까지 군대로 불러 모아야 했던 이유는 무엇일까요?

임진왜란 초기 조선은 통째로 일본의 손아귀에 넘어갈 만큼 절체절명의 위기에 빠져 있었습니다. 그제야 일본의 기세가 심상치 않음을 깨달은 명나라는 조선 조정의 요청에 부응해 명나라 최강 기마부대를 보냅니다. 조선군과 명나라 군대는 힘을 합쳐 평양성을 되찾기 위해 싸웠지만 일본군에게 참패하고 맙니다. 명나라의 전력을 무너뜨린 강력한 무기가 일본군에 있었기 때문이지요. 바로 조총입니다. 일본군을 얕봤던 명나라 기마부대는 결국 평양성에서 궤멸당했고 일본군이 진을 치지 않은 조선 땅은 오직 호남과 평양 이북 지역뿐이었어요.

나라가 위태로워지자 선조는 서산대사를 불러 전국의 승군을 통솔하는 직책인 '팔도도총섭'에 임명했습니다. 그리고 의승군을 일으켜 달라고 부탁했어요. 명망 높은 승려인 서산대사가 나선다면 많은 승려가 동조할 것이라 생각했지요. 당시 73세 노승이었던 서산대사는 나라를 지키기 위해 선조의 명을 받들고, 전국 사찰에 격문을 보냈던 것입니다.

수양에 정진하기 위해 봉은사 주지 자리도 거부할 정도로 불심이 깊었던 사명대사는 일생일대 고민에 빠지게 됩니다. 전쟁터로 간다는 것은 곧 누군가를 죽여야 한다는 것을 의미했고 생명을 중시하는 불교의 가장 중요한 계율, '살생 금지'를 어겨야 했기 때문이지요. 하지만 존경하는 스승의 편지를 받은 사명대사는 오랜 숙고 끝에 결론을 내립니다.

'어렵고 위태한 때를 만나서 어떻게 가만히 앉아서 볼 수만 있겠

는가!'

사명대사는 불교의 계율을 어기는 것보다 당장 눈앞에서 일본군의 칼날에 쓰러지는 백성을 외면하는 것이 더 큰 죄라고 생각했지요. 그래서 조선 백성들의 목숨을 구하기 위해 잔학무도한 일본군에 맞서 칼을 들기로 결심합니다.

사명대사는 부랴부랴 군사를 모았지만 모인 군사는 겨우 200여명에 불과했습니다. 이들을 의승군義僧軍이라 불렀는데 가운데 '승'이 승려의 '승'으로 이름만으로도 어떤 군대인지를 보여줍니다. 의승군은 의승병이라고도 했는데, 일반적인 의군, 의병이 아니라 나라를 구하기 위해 승려가 일으킨 군대라는 뜻입니다. 전국에서 승려가 나라를 지키기 위해 자발적으로 일어선 건 조선 역사에서는 물론, 동아시아사에서도 찾아보기 어려운 특별한 일이었습니다. 임진왜란 당시 조선의 승려들은 조선의 군사가 되어 전쟁터로 나서게 됩니다.

의승군의 거병에 누구보다 놀란 것은 조선의 유학자들이었어요. 당시 유학자들은 승려들이 자기 수양에만 몰두해 임금을 섬기기는커녕 나라를 위해 일하지 않는다며 손가락질했거든요. 그런데 사명대사와 서산대사는 물론, 전국 곳곳에서 의승군이 일어서자 승려에 대한 편견이 완전히 뒤집혀 버립니다. 전국의 승려가 군대를 일으킬 정도였던 이때, 나라를 지키기 위해 일어선 이들이 또있습니다. 농민은 물론 선비까지 의병이 되어 전쟁터로 향했지요.

사명대사와 의승군,
평양성 탈환에 목숨을 걸다

전쟁터로 나선 사명대사와 의승군은 바로 평양성으로 향합니다. 국가의 존망이 평양성 전투에 달려 있었고, 수도 한양을 되찾을 수 있다는 일말의 희망을 얻기 위해서라도 일본군에 함락된 평양성을 되찾아야 했습니다.

가을 무렵, 사명대사는 곳곳에 포진한 일본군의 진영을 피해 어렵사리 평양성에 도착합니다. 출발할 때 200여 명이었던 사명대사의 의승군은 평양성에 도착했을 때는 무려 1,000여 명이나 되었습니다. 사명대사와 뜻을 같이하는 많은 승려들이 의승군으로 합류한 것이지요.

1,000여 명의 의승군과 함께 평양성에 도착한 사명대사를 먼저 도착해 있던 서산대사가 반갑게 맞이합니다. 서산대사는 이미 1,500여 명의 의승군을 이끌고 팔도도총섭의 직책으로 전장을 지휘하고 있었어요. 그런데 서산대사는 사명대사가 도착한 지 얼마 되지 않아 생각지도 못한 부탁을 합니다.

"앞으로 전국의 의승군을 이끌어주게."

사명대사에게 전투에 참여하는 의승군 전체를 이끌어 달라는 말이었지요. 이때 서산대사는 73세였고 사명대사는 40대 후반이었습니다. 서산대사는 선조의 명령으로 의승군을 모집해 평양성

의승군을 지휘하는 휴정 서산대사 휴정이 평양성의 일본군을 격퇴하기 위해 의승군을 지휘하여 평양성을 향해 진격하는 장면을 그린 기록화이다. 전쟁기념관 제공.

까지는 함께 왔지만, 전쟁터를 누비며 싸우기엔 힘이 모자라니 사명대사에게 자신의 몫까지 힘껏 싸워 달라고 부탁한 것입니다. 이로써 사명대사는 의승군 대장으로서 2,500여 명의 의승군을 통솔하게 되었습니다.

> "엎드려 숨어 있다가 적을 무찌르고 혹은 첩자를 날리어 적을 정탐하여 적의 음흉한 계획을 낱낱이 살펴서 적이 평양과 중화 사이의 경계를 넘지 못하게 하였습니다."
>
> 오희문, 《쇄미록》

의승군은 격전이 예상되는 중요한 지역에 미리 몸을 숨겼다가 사명대사의 명령이 떨어지면 날째게 적의 뒤를 공격했습니다. 사명대사와 의승군은 매복과 기습이 뛰어나 게릴라전에 특화된 군대였으며 첩자를 보내 정탐하는 첩보전에도 능숙했습니다. 이들은 일본군을 상대로 큰 활약을 펼쳤고 일본군이 더 이상 북상하지 못하도록 철통같이 길을 가로막았지요. 놀라운 전투력을 보여준 사명대사와 의승군은 평양성 전투에서 무려 2,000여 명의 일본군을 베었습니다. 전투 경험도 없고 보급품도 넉넉하지 않았음에도 완벽히 무장한 일본군을 상대로 압도적인 전투력을 보여준 것입니다.

"평양에서 왜병을 크게 물리치고 2천 급을 베었다."

〈건봉사 사명대사 기적비〉

어떻게 이런 일이 가능했을까요? 당시 일본군 사이에서는 '조선 승려들이 축지법을 쓴다'는 소문이 돌았습니다. 아마도 승려들이 산사를 자주 오르내리고, 전국을 오가며 수행했기 때문에 체력 단련이 잘 되어 있고 지리에 밝아 빠르게 이동했던 것으로 보입니다. 또한 절에서 단체 행동을 했기에 조직력이 강했을 테고 가족을 떠나 출가한 몸으로 일반인에 비해 목숨에 대한 미련이 적은 것도 작용을 했겠지요.

그러던 어느 날, 평양성에서 벌어지던 전투가 거짓말처럼 뚝 멈추어 버렸습니다. 1592년 12월, 명나라에서 4만 명의 지원군을 보냈고 한 달여 만인 1593년 1월에 수세에 몰린 일본군이 대동강 건너 남쪽으로 도망쳤기 때문입니다. 무려 7개월 만에 명나라와 조선 관군, 의승군이 힘을 합쳐 평양성 탈환에 성공합니다. 평양성을 되찾은 이때, 사명대사와 의승군은 만족하지 않고 바로 수도 한양을 향합니다.

선조는 혁혁한 공을 세운 사명대사에게 승려 중 가장 높은 자리를 내리려 합니다. 사명대사에게 한양 수복을 위해 더 열심히 싸우라며 의승군에 명령을 내릴 수 있는 명령권을 정식으로 부여한 것이지요. 이후 사명대사는 의승군을 이끌고 서울 북쪽의 노원, 서쪽 행주산성 등을 누비며 활약합니다.

"특별히 선·교종의 판사를 제수하여 호령을 내릴 수 있는 권병을 지니게 하였다."

《선조실록》 36권, 선조 26년 3월 27일

1593년 4월, 조선군은 드디어 수도 한양도 되찾습니다. 의주까지 피난 가야 했던 선조는 의승군의 호위를 받으며 1년 만에 환궁할 수 있었지요. 선조의 환궁에 사명대사와 의승군의 결정적인 공로가 있었음을 보여줍니다.

위기일발!
조선을 노리는 명나라와 일본

수도 한양을 되찾았지만 일본군을 모두 몰아내지는 못했습니다. 명나라와 일본이 조선을 쏙 빼놓고 전쟁을 끝내자며 강화 교섭을 시작했기 때문입니다. 일본군은 강화 교섭을 마무리 짓기 위해 여전히 조선에 남아 있었습니다. 당시 명·일 강화 교섭을 주도한 이들은 명나라 장군 심유경과 일본 장군 고니시 유키나가였습니다. 전쟁으로 막심한 경제적 손해를 입은 일본은 명나라와의 강화 교섭으로 조선에서 무엇이든 얻어가려 했지요.

조선이 빠진 강화 교섭이 진행되면서 조선에는 흉흉한 소문이 돌았습니다.

> "한강을 경계로 서쪽은 대명大明에 붙이고 동쪽은 일본에 소속시키기로 하고서 강화를 비로소 정했다고 하였다."
>
> 《선조실록》 40권, 선조 26년 7월 12일

도대체 무슨 말일까요? 한강을 경계로 조선 땅이 반으로 찢겨 일본에 넘어간다는 소문이었습니다. 사실 명나라는 조선을 침략한 일본군과 치열하게 싸울 생각이 없었습니다. 단지, 명나라 근처에만 오지 않게 막으면 된다는 생각이었지요. 명나라는 적극적으로 일본을 공격하지 않았고 한양 수복 후, 전쟁이 교착상태에 빠지면서 애매한 태도를 보이는 명나라와 승냥이 같은 일본 사이에서 조선은 발언권을 얻지 못했습니다. 그래서 조선을 반으로 나눠 통치하겠다는 이야기가 나왔다는 소문이 퍼진 것이지요.

이런 충격적인 소문에도 조선 조정은 그저 교섭을 지켜보기만 했습니다. 조선은 명나라와 일본의 교섭에 참여할 수조차 없었기 때문입니다. 명나라에 모든 군사 작전권을 맡겼기에 교섭에 적극적인 개입이 불가능했거든요. 조선은 전쟁터에서 겨우 되찾은 나라를 또다시 빼앗길 위기에 빠졌습니다.

1594년 2월, 조선 조정에 작성자의 직인도, 서명도 없는 편지 한 통이 도착했습니다. 한 왜장의 편지였지요. 조선과 평화 교섭을 맺고 싶으니 교섭할 사람을 보내 달라는 내용이었습니다. 드디어 명·일 강화 교섭에 조선도 함께할 수 있게 된 걸까요? 그러나 이 편지를 보낸 사람은 명·일 강화 교섭을 진행하던 고니시가 아니라 함경도를 짓밟은 또 다른 왜장, 가토 기요마사였습니다.

고니시와 가토의 이름이 익숙한가요? 앞서 이순신 이야기에서 서로 앙숙 사이라 말했던 두 왜장이 바로 이들입니다. 선조에게 왜장이 군대를 끌고 바다로 나갈 테니 준비하라고 했던 장수가 바로 고니시죠. 고니시가 기독교를 믿고, 가토가 불교를 믿을 정도로 안 맞는 사이였으니 만나기만 하면 서로 으르렁댔습니다. 그런데 강화 교섭에 고니시만 참여하니 가토는 얼마나 불만이 많았겠습니까. 그래서 가토는 조선을 압박해 공을 세워 고니시가 진행 중인 명·일 강화 교섭을 훼방 놓으려 했습니다.

조선 조정은 나라의 운명을 전혀 예측할 수 없는 상황에서, 가토의 편지를 명·일 강화 교섭의 진상을 확인할 절호의 기회로 여겼어요. 가토로부터 '조선에서 물러나 다시는 침략하지 않겠다는 확답을 받을 수 있지 않을까' 하는 기대를 품고 가토와의 협상에 참여하기로 결정합니다. 이 막중한 외교에 투입된 인물, 누구였을까요? 이번에도 사명대사였습니다.

만약 조선과 일본이 교섭을 진행한다는 말이 누설되면, 조선 땅 곳곳에 남아 있는 일본군과 대치 중인 조선군의 사기가 꺾일 수 있었습니다. 또 만일을 위해서라도 조선의 관리가 왜장을 만나는 건 위험했지요. 그래서 정식 관리가 아니면서도 전란의 흐름은 잘 알고 있는 인물, 학식이 높으면서도 비밀을 지켜줄 훌륭한 인격을 지닌 인물이 필요했습니다. 이 모든 조건에 부합하는 적임자가 바로 사명대사였던 것이지요.

게다가 외교적인 이유도 있었습니다. 당시 일본에서는 외교 실무나 중요한 공문을 만드는 일을 모두 승려가 담당하고 있었어요. 일본에서 승려는 높은 지위를 가진 지식인이었습니다. 그러니 조선에서 교섭 상대로 승려를 보낸다면 승려를 함부로 대하지 않을 테니 위해를 가할 가능성도 적고, 경계심도 누그러뜨릴 수 있었겠지요.

황당한 일본의 요구에
대담하게 맞서다

1594년 4월, 사명대사는 선조의 부름을 받고 왜장 가토와의 회담을 위해 적진의 한가운데, 울산 서생포로 떠나게 됩니다. 울산 서생포에 도착한 사명대사는 깜짝 놀랄 수밖에 없었습니다. 서생포가 조선 땅이 아닌 일본 땅처럼 변해 있었기 때문입니다. 일본군은 서생포 바닷가에 거대한 왜성까지 지었지요. 이 모습을 본 사명대사는 조선을 반으로 나눠 통치한다는 소문이 진짜가 아닐까 걱정하지 않았을까요?

사명대사는 불안한 마음을 안고 울산의 왜성으로 들어갔습니다. 사명대사를 본 가토는 조선의 명승이 왔다며 매우 반갑게 맞이했습니다. 승려인 사명대사를 함부로 대하지 않을 것이라는 조선 조정의 예상이 적중했지요.

회담은 순조로운 분위기로 시작되는 듯했지만 얼마 지나지 않아 사명대사는 조선 팔도를 흉흉하게 만든 그 소문이 실제로 오가고 있다는 걸 알게 되고 충격에 휩싸입니다. 명나라의 심유경과 일본의 고니시가 비밀리에 진행하던 명·일 강화 교섭에서 일본이 '조선의 땅을 갈라서 일본에 귀속시킬 것'을 조건으로 내걸었음을 알아낸 것이었지요.

그렇다면 가토는 사명대사에게 어떤 교섭 조건을 내밀었을까요? 가토가 내민 조건에 사명대사는 할 말을 잃어버렸습니다. 명나라와 일본이 조선을 빼고 조선 땅을 반으로 나누는 교섭을 진행 중이라는 것도 화가 치미는데 가토는 그 조건 그대로 교섭하기를 원했습니다.

"조선 땅의 절반을 내놓으시오!"

알고 보니 가토는 내용은 바꾸지 않으면서 고니시보다 먼저 교섭을 성공시키는 것만이 목적이었어요.

"조선 땅을 내놓으라니 절대 받아들일 수 없소!"

적의 소굴 한가운데서 말도 안 되는 교섭 조건을 받게 된 사명대사는 침착하게 이 조건이 얼마나 허무맹랑한 요구인지 조목조목 이유를 들어 반박했습니다. 가토 역시 물러서지 않고 강경한 태도로 사명대사를 압박했지요. 사명대사는 3일 동안 왜성에 머물며 가토와의 교섭을 이어갔고 결국 가토는 자기의 뜻을 조선에 관철할 수 없다는 사실만 확인한 채 사명대사를 돌려보내야 했습니다.

서생포 왜성을 나온 사명대사는 가토와 나눈 대화를 즉각 조선 조정에 보고했어요. 그제야 명·일 강화 교섭의 전모를 알게 된 조선 조정은 명·일 강화 교섭을 결렬하고 일본을 물러나게 할 방책을 논의하기 시작했습니다.

3개월 뒤인 7월, 가토 측에서 또다시 조선 조정에 교섭을 요청합니다. 고니시가 자기보다 먼저 강화 교섭에 성공할지 모른다는 불안 때문이었어요. 이 교섭 역시 사명대사가 참석하며 두 번째 외교

울산 서생포왜성 서생포왜성은 임진왜란 발발 다음 해 5월부터 일본 장수 가토 기요마사의 지휘 아래 축성된 일본식 평산성이다. 1594년부터 사명대사가 4차례에 걸쳐 이곳에 와서 가토와 교섭했다. 1598년에는 명나라 장군의 도움으로 성을 빼앗았고 이후 왜적과 싸웠던 충신들을 기리기 위해 창표당을 세웠다. 문화재청 제공.

전이 펼쳐집니다.

　목숨까지 내놓고 울산 서생포로 향한 사명대사에게 마음이 급해진 가토는 도요토미 히데요시의 명령이라 교섭 조건을 물릴 수 없다며 이전의 교섭 조건 그대로 강화 교섭을 맺자고 요구했어요. 당연히 조선 측에서 절대 받아들일 수 없는 조건이었기에 이번에도 사명대사는 단번에 거절합니다. 사명대사는 적진의 한가운데인 왜성에서 무려 7일 동안 교섭을 이어갔습니다.

그러던 어느 날, 가토는 사명대사에게 대뜸 이렇게 물었습니다.

"조선에서 보배는 무엇이오?"

사명대사는 뭐라고 답했을까요?

"조선의 보배란 당신의 머리요."

조선 팔도의 어떤 보물보다 가장 값나가는 것은 조선을 침략한 왜장 가토의 목숨이라는 말이었습니다.

칼을 찬 왜장 앞에서 겁을 내기는커녕 호기롭게 대답한 사명대사에게 가토는 무릎을 치며 탄복합니다. 적진 한가운데서 왜장을 앞에 두고 이렇게 말할 수 있다는 것은 보통 사람이 아니라는 증거였고, 장수인 가토는 사명대사의 기백과 대담함에 고승의 풍모를 느끼고 감탄한 것입니다. 사명대사는 다시 한번 가토에게 일본에 굴복할 수 없는 조선의 결연함을 보여주었고 이번 교섭 역시 결렬되었습니다.

짙어지는 전운, 일본의 재침이 시작되다

또다시 3개월이 지난 1595년 3월, 도요토미 히데요시가 조선에 주둔하고 있던 일본군을 순차적으로 철수시킨다는 소식이 들려옵니다. 약 3년간 이어오던 강화 교섭이 체결된 것이었지요. 가토의 라이벌 고니시가 드디어 명·일 강화 교섭을 성공시킨 것입니다. 정말 조선 땅을 반으로 나누었을까요? 어떤 내용으로 체결되었는지 살펴보겠습니다.

〈명나라 측 요구 사항〉

-일본군이 조선에서 완전히 철수한다.

-도요토미 히데요시가 이번 전쟁을 공식적으로 사죄한다.

〈일본 측 요구 사항〉

-도요토미 히데요시를 왕으로 책봉한다.

-명나라와 일본 간의 교류를 진행한다.

우선 명나라 측 요구는 더 이상 조선에 눈독 들이지 말고 도요토미 히데요시가 명나라에 사죄하라는 내용이었습니다. 일본은 도요토미 히데요시를 일본의 왕으로 책봉하고 명나라와 교류할 수 있도록 해 달라고 요구했어요.

그동안 명나라와 일본은 직접 교역하지 않았습니다. 명나라는 명나라 황제의 책봉을 받은 왕의 나라와만 교류했어요. 만약 도요토미 히데요시가 명나라 황제의 임명을 받아 왕으로 책봉되면 조선을 거치지 않고도 명나라와 직접 교역할 수 있는 권리를 얻게 되는 것이었지요. 두 나라의 교섭 조건에는 조선을 나눠 가지는 것에 관한 이야기는 없었고, 일본은 이에 만족하고 조선에서 군대를 철수시켰습니다.

하지만 2년 뒤인 1597년, 조선 백성들은 다시 공포에 떨어야 했습니다. 남해안 일대를 새까맣게 물들일 정도로 많은 적선이 몰려온 것입니다. 일본군의 두 번째 침략, 정유재란이 벌어진 것이지요. 조선을 나눠 가진다는 조건으로 명나라와의 협상이 이뤄진 줄 알았던 도요토미 히데요시가 뒤늦게 명나라와의 협상이 조작됐다는 걸 알게 되었고, 격분한 나머지 무력으로 조선을 빼앗아야겠다며 다시 쳐들어온 것입니다.

놀랍게도 명·일 강화 교섭을 진행하던 양국의 대표, 심유경과 고니시는 문서를 조작했습니다. 명나라의 심유경과 일본의 고니시는 조작된 협상 문서를 전달할 가짜 사신까지 내세웠습니다. 가짜 사신들은 각각 명나라 황제와 일본의 도요토미 히데요시에게 거짓을 고했지요. 하지만 1596년 9월 2일, 명나라 황제가 보낸 진짜 사신이 일본에 도착했고 그제야 도요토미 히데요시는 자신의 요구 사항이 빠졌다는 걸 눈치챘습니다. 도요토미는 불같이 화를 내며 명나라 사절단을 일본에서 쫓아냈습니다.

어떻게 이런 초유의 사기극이 가능했던 걸까요? 심유경은 더 큰 희생 없이 전쟁을 끝내고 싶었지만 조선을 나눴다가는 명나라 황제가 엄청나게 분노할 것이라 생각했습니다. 그래서 이 사기극이 전쟁보다는 낫다고 여기며 동조해 버린 것이었지요. 발각되지 않을 거라고 오판하기도 했고요. 고니시 역시 오랜 전쟁으로 병력 손실이 극심했고 가토가 고니시의 실패를 바라며 견제하고 있었기에 협상에 성공했다는 조작으로 공을 세운 뒤, 발각되면 모든 책임을 명나라 탓으로 돌리려고 했습니다. 실제로 사기극이 발각된 이후 심유경은 처형당했지만, 고니시는 상황을 모면하고 목숨을 건졌습니다.

14만 대군을 끌고 또다시 조선으로 쳐들어온 일본군의 선봉장에는 가토 기요마사가 섰습니다. 조선에는 다시 한번 전운이 감돌았지요. 그런데 조선군을 향한 총공격을 앞둔 일촉즉발의 상황에서 가토는 의외의 행동을 합니다. 다시 조·일 강화 교섭을 시도하기 위해 조선 조정에 편지를 보낸 것입니다.

일본은 임진왜란이 길어지면서 어마어마한 경제적 손실을 봤고 가토는 조선과 전쟁을 하지 않고 회담을 통해 도요토미 히데요시가 원하는 것을 얻어낸다면 자신이 일등 공신이 될 기회를 얻을 것이라고 생각했습니다. 그리고 가토는 편지에 꼭 이 사람을 만나고 싶다고 적었습니다. 누구일지 예상되지요? 그렇습니다. 바로 사명대사였어요.

가토는 앞선 두 차례 회담을 통해 사명대사를 신뢰하고 있었습니다. 가토와 그의 부하들은 사명대사를 '금강산의 고승'이라고 부르며 존경했어요. 가토는 사명대사와는 말이 통하니 이번에야말로 교섭이 가능할 것이라 생각합니다.

격전을 준비하는
사명대사

전투를 코앞에 두고 이뤄진 적장의 회담 요청에 조선 조정은 그야말로 난리가 났습니다. 회담 하나로 조선이 다시 피로 물들 수도 있었기 때문이지요. 결국 선조는 다시 한번 사명대사에게 나라의 운명을 맡기기로 합니다.

드디어 2년 8개월 만에 재회한 사명대사와 가토! 가토는 사명대사에게 또다시 어처구니없는 요구안을 내놓습니다. 이번에도 한강 아래의 조선 땅 경기도, 충청도, 전라도, 경상도를 일본에 내놓으라고 말하며 협박까지 서슴지 않았습니다.

"강화하지 않으면 일본군이 조선을 불바다로 만들고, 산이 달걀을 짓누르듯 조선 땅을 초토화할 것이오!"

이 말을 들은 사명대사는 단칼에 거절합니다.

"명나라군과 조선군이 힘을 합하면 일본군을 무찌를 수 있소!"

사명대사는 칼을 차고 협박하는 가토에게 굴하지 않고 강하게 맞섭니다. 전쟁을 각오하고, 적장에게 결연한 의지를 내비친 것이지요. 이후 사명대사는 조선 조정에 이 모든 사실을 알리고, 전쟁의 최전선인 남부로 향하며 곧 벌어질 일본군과의 전면전을 준비합니다.

얼마 후 일본군의 침략, 정유재란이 본격적으로 시작됩니다. 임진왜란 당시 일본군의 침입 목적은 명나라를 치기 위해 조선에 길목을 내어 달라는 것이었지만 이번 침략은 달랐습니다. 조선 땅의 모든 것을 털어갈 작정으로 조선에 쳐들어온 것이었습니다. 조선의 문화재와 보물뿐 아니라 기술자와 사람, 흙까지 훔쳐갔어요. 심지어 무자비한 학살까지 저지르며 조선인의 코와 귀도 베어 갔습니다.

이 시기 사명대사는 한양으로 향하는 중심 길목이자 경상북도 중앙을 차지하고 있는 진지, 대구 팔공산성을 지키고 있었습니다. 만약 팔공산성이 무너진다면 한양까지 쳐들어갈 수 있는 고속도로가 뚫리는 것이나 다름없었습니다. 사명대사와 의승군, 그리고 경상도 관군 수천 명을 포함한 병사들이 팔공산성에 진을 치고 있었어요.

그런데 얼마 후 사명대사를 격노하게 하는 일이 벌어지고 맙니다. 경상도 관찰사가 수천 명의 관군과 함께 도망가려 한 것입니다. 경상도 관찰사는 일본군의 맹공에 조선군이 연이어 패배했다는 소식을 듣고 지레 겁을 먹었습니다. 만약 이들이 떠난다면 남는 병사는 고작 수십 명이었습니다. 사명대사는 "잘 도망가시오! 나는 여기서 죽겠소"라고 비난 섞인 책망을 했고 경상도 순찰사와 관군들은 도리어 화를 내며 꽁지 빠지게 도망쳤습니다.

이런 와중에 수백 명의 일본군이 팔공산으로 쳐들어왔습니다. 많은 수의 관군이 무기를 들고 도망가는 바람에 무기고까지 텅텅

비어 버려 사명대사와 군사들은 남은 무기를 겨우 챙겨 절벽 위로 올라갔습니다. 수적으로 열세했기에 사명대사는 팔공산성이 있는 팔공산의 독특한 지형을 전투에 이용하려 했지요.

산에 오르는 조선군의 모습을 발견한 일본군은 조선군의 수가 적은 걸 알아채고, 뒤따라 산을 기어오르기 시작했어요. 절체절명의 위기에 몰린 사명대사는 어떻게 했을까요?

사명대사는 침착하게 큰 바위를 산 아래로 떨어뜨리며 일본군과 맞서 싸웠습니다. 팔공산은 가파른 산이라 돌과 바위가 많았기에 사명대사와 의승군은 이를 이용해 죽기 살기로 일본군을 향해 돌을 던지고 바위를 굴려 떨어뜨렸어요. 산을 기어오르던 일본군은 떨어지는 돌에 속수무책으로 당할 수밖에 없었습니다. 격렬한 전투는 해 질 녘까지 이어졌고, 결국 일본군은 팔공산성을 포기하고 도망쳤습니다.

"모두가 힘을 다하여 죽기로 싸우고, 화살이 없어지자 큰 돌을 굴려 내렸다. 적의 사상자가 매우 많았다."

《공산지》

며칠 뒤, 팔공산성으로 뜻밖의 사람들이 찾아옵니다. 도망쳤던 경상도 순찰사와 관군이었어요. 사명대사는 돌아온 순찰사를 비난하지도 않고 그들에게 팔공산성을 맡기고 다른 전쟁터에 힘을 보태기 위해 홀연히 떠나 울산과 순천 지역으로 갔습니다. 사명대사가 전쟁터에 나타나는 것만으로도 조선군의 사기가 하늘을 찌를 듯 솟구쳤다고 할 정도였습니다.

1597년 9월, 바다에서도 반가운 승전 소식이 들려옵니다. 이순신 장군이 지휘하는 수군이 울돌목에서 일본군을 격파한 명량해전의 승리였어요. 이순신 장군의 활약은 전쟁의 판도를 완전히 뒤집었습니다. 일본군은 더 이상 북상하지 못했고, 사기마저 꺾여버렸지요. 육지에서는 사명대사, 바다에서는 이순신 장군이 활약해 조선에는 희망의 빛이 보이기 시작합니다.

계속된 전쟁으로 쑥대밭이 된 조선. 그런데 1598년 8월에 전쟁을 종식하는 사건이 벌어집니다. 전쟁을 일으킨 도요토미 히데요시가 사망한 것입니다. 일본군은 도요토미의 사망 소식을 듣고 그해 11월 조선 땅에서 모두 철수합니다. 드디어 7년 동안 이어진 긴 전쟁의 막이 내렸고 사명대사 또한 길고 길었던 전투를 마칠 수 있었습니다.

적을 염탐하는 사신,
탐적사가 되다

하지만 전쟁이 끝나고도 사명대사는 절로 돌아가지 못했습니다. 전란의 피해로 피폐해진 조선의 땅과 백성을 돕기 위해 남쪽 지방에 머물며 4년 동안 전란 복구에 힘썼기 때문입니다. 1603년이 되어서야 드디어 속세를 떠나 산으로 돌아갈 수 있었어요.

그다음 해에는 오대산에서 수행하고 있던 사명대사에게 청천벽력 같은 소식이 전해집니다. 존경하는 스승이자 큰 산과도 같았던 서산대사가 세상을 떠난 것이었어요. 사명대사는 곧장 서산대사가 있는 묘향산으로 향합니다. 그러나 묘향산으로 달려가던 사명대사는 스승의 마지막 길을 지키지 못했습니다. 선조의 부름을 받아 한양으로 발길을 돌려야 했지요.

선조가 급히 부른 이유는 사명대사를 일본에 사절단으로 보내기 위해서였습니다. 임진왜란과 정유재란 끝에 조선과 일본은 완전히 단절된 상태였습니다. 그런데 도요토미 히데요시가 죽고 난 뒤 새롭게 권력을 잡은 도쿠가와 이에야스는 전쟁이 끝난 지 1년도 되지 않아 조선에 국교를 열어 달라고 끊임없이 요구했습니다. 그의 요구에 조선 조정은 교섭을 진행하기로 합니다.

왜 조선은 전쟁을 일으킨 일본과 다시 교섭하기로 했을까요? 조선이 일본에서 반드시 들여와야 하는 것이 있었기 때문입니다. 바로 '은'입니다. 지금의 달러처럼 당시에는 국가 간 거래를 위해서 국제 통화인 은이 필요했고 조선은 일본과의 무역으로 은을 수입하고 있었습니다. 사실 다른 이유도 있었어요. 일본이 언제 또 딴마음을 품고 전쟁을 일으킬지 모르니 일본의 동향을 파악하기 위

밀양 표충사 송운대사 분충서난록 목판 사명대사가 임진왜란에서 활약한 활동 사항을 모은 책이다. 사명대사 사후 5대 법손 태허 남붕의 주선으로 표충사에서 간행했다. 전쟁에서의 활약상뿐만 아니라 일본에 갔을 당시 일본 승려들과 나눈 문서 등을 담았고 그에 대한 후대인들의 평까지 기록되어 있다. 문화재청 제공.

해 국교를 열 계획이었던 것입니다.

선조는 일본과 대마도에서 교섭을 진행하기로 하고 협상 대표를 고르는 일에 심사숙고합니다. 이때 조선 조정의 신하들은 입을 모아 한 사람을 추천합니다. 당연하게도 사명대사였지요. 당시 조정 관료 중에는 일본에 사신으로 가길 원하는 사람이 없었습니다. 전쟁을 겪은 직후라 전쟁 트라우마가 가득해 다들 겁을 내는 분위기였습니다. 사명대사는 이미 가토와의 담판으로 협상 능력과 정탐 능력을 인정받은 상태였으니 적임자였지요. 61세의 나이에도 불구하고 사명대사는 막중한 임무를 수락합니다. 이미 전쟁터에서 왜장과 맞선 사명대사에게 적의 소굴로 들어간다는 두려움 따원 없었지요.

선조는 사명대사를 필두로 공식 사절단을 꾸리기 시작합니다. 원래 조선이 일본으로 보내는 사절단의 명칭은 통신사였습니다. 통신사는 국가 간에 신뢰를 가지고 통한다는 의미가 담겨 있지요. 그런데 사명대사의 사절단은 '탐적사探賊使'라 불렸습니다. 염탐할 탐探, 도둑 적賊, 사신 사使를 써서 적을 염탐하는 사신이라는 뜻입니다. 종전 이후 일본의 공식 사과가 없었기 때문에 조선은 신뢰를 가지고 통한다는 통신사의 명칭을 붙이기 싫었던 것이지요.

선조는 탐적사 사명대사에게 어떤 임무를 맡겼을까요? 일본이 딴맘을 품고 있진 않은지 정세를 살피는 일, 그리고 조선인 포로를 송환해 오는 일이었어요. 전쟁 당시 일본에 끌려간 조선인 포로만 해도 무려 10만 명이 넘었습니다. 사명대사는 또다시 막중한 임무를 부여받고 대마도로 떠납니다.

조선인 포로 귀환을
성사시킨 외교 담판

그런데 사명대사가 떠난 뒤, 한양에 있던 선조를 불안하게 하는 일이 벌어집니다.

사명대사가 대마도로 떠난 지 4개월이 지나도록 연락이 없었던 것입니다. 선조는 무슨 일이 일어난 건 아닐지 걱정했지요. 사명대사는 대체 어디서 무엇을 하고 있던 걸까요? 놀랍게도 대마도에 있다고 생각했던 사명대사는 수도 교토로 향하고 있었습니다. 도쿠가와 이에야스가 사명대사에게 직접 만남을 제안했기 때문이었지요. 사명대사는 일본 본토로 향한 것이었습니다.

1604년 12월, 사명대사는 교토에 도착합니다. 도쿠가와 이에야스는 무려 수행원 1,000여 명을 보내 사명대사를 맞이합니다. 이를 통해 당시 일본에서 사명대사의 방문을 얼마나 중요하게 생각했는지 알 수 있지요. 게다가 사명대사가 일본에 온다는 소식을 듣고 일본의 지식인과 승려가 구름 떼처럼 몰려듭니다. 임진왜란 이후 일본으로 돌아간 일본인들이 조선에 사명대사라는 뛰어난 고승이 있다고 소문을 냈고 이에 수많은 승려와 지식인이 사명대사가 교토에 머무는 동안 가르침을 받겠다며 찾아온 것입니다.

"(일본의) 승려들이 사슴 떼처럼 모여들어 가르침 받기를 원했다."

〈사명 송운 대사 석장 비명 병서〉

사명대사는 조선을 대표하는 외교관으로 교토에 머물며 일본의 최고 권력자 도쿠가와 이에야스와 회담을 시작합니다. 사명대사는 협상을 성공으로 이끌 수 있었을까요?

그로부터 몇 개월이 지난 1605년 5월, 거제와 부산 앞바다에 며칠 간격으로 적선 수십 척이 정박하기 시작했습니다. 사람들은 배에서 내린 인물을 보고 깜짝 놀랍니다. 사명대사가 돌아온 것이었습니다. 그 배에서는 사명대사뿐만 아니라 생각지 못한 인물들이 줄지어 내립니다. 바로 일본으로 끌려갔던 조선인 포로 1,391명이었습니다.

지금도 국가 간 회담 내용이 잘 알려지지 않듯, 당시 사명대사와 도쿠가와 이에야스의 회담에 관해서도 정확한 내용이 알려지지는 않았습니다. 하지만 사명대사가 엄청난 기개로 도쿠가와의 마음도 얻은 것으로 추측합니다.

조선의 관리가 아닌 승려 사명대사가 해낸 외교 담판 이후 통신사 활동이 재개되었고, 왜인倭人이 머물면서 외교 업무나 무역을 행하던 왜관倭館도 다시 운영되었습니다. 조선인 포로 3,000여 명도 연이어 조선으로 돌아올 수 있었지요.

선운사 석씨원류 석씨원류란 석가모니의 일대기를 기록한 책이다. 선운사에서 보관해 온 이 목판은 임진왜란 때 불타 없어진 것으로 알려졌으나, 사명대사가 일본에 건너갔을 때 가지고 돌아와 복간할 수 있었다. 하단에는 석씨원류 본문이, 상단에는 그 내용을 담은 그림이 있다. 문화재청 제공.

조선의 영웅으로
열반에 이르다

　임진왜란의 영웅이자, 임진왜란 이후에도 혁혁한 공을 세운 사명대사는 이후 모든 영광을 뒤로하고 다시 산으로 들어가 수양에 힘쓰며 제자를 길렀습니다. 그리고 1610년 8월 26일, 67세의 나이로 죽음을 맞이합니다. 그의 죽음이 알려지자 조선 전체가 슬픔에 빠집니다.

　임진왜란으로 수많은 백성이 도탄에 빠졌을 때, 의승군을 이끌

합천 해인사 홍제암과 사명대사 석장비 홍제암은 해인사에 속해 있는 암자로 사명대사가 세상을 떠난 곳이다. 이곳에 사명대사의 탑과 석장비가 있는데, 사명대사의 일대기를 기록한 석장비의 비문은 《홍길동전》을 쓴 것으로 알려진 허균이 지었다. 이 석장비는 현존하는 사명대사비 가운데 가장 먼저 건립되었으며, 문장이 빼어날 뿐 아니라 대사의 행적이 상세하게 적혀 있어 가치가 높다. 문화재청 제공.

고 활약한 사명대사. 이후에는 뛰어난 외교력으로 한·일 관계의 가교 역할까지 도맡았습니다. 왜장 가토 기요마사의 가문은 지금도 사명대사의 편지를 가보로 여기며 소중히 보관하고 있다고 하지요.

살생을 금하는 불교 승려였지만 사명대사는 나라가 위기에 빠졌을 때 백성들을 위해 전장을 누볐습니다. 조선의 최대 국난인 임진왜란은 유명한 장군의 활약뿐 아니라 지위 고하를 막론하고 수많은 조선인이 온몸으로 막아낸 전쟁이었어요.

우리가 같은 상황에 놓인다면 어떻게 행동할까요? 지금처럼 평온한 시기에는 감히 엄두도 내지 못할 것 같지만 나라가 어려우면 언제 그랬냐는 듯 맨 앞에 서 있는 우리를 발견하게 될 것입니다. 지금의 우리가 사명대사를 알고, 사명대사가 만들어낸 역사를 체득하고 있으니까요.

4장

벌거벗은
제주 거상

노혜경(호서대학교 혁신융합학부 교수)

기생 김만덕은
어떻게 왕을 만났나

오늘날, 푸른 섬 제주도는 여유롭고 유유자적한 삶을 상상하게 합니다. 그러나 지금과 달리 조선 시대 제주도는 누구도 가고 싶어 하지 않는 험지였습니다. 화산 폭발로 이루어진 땅에서 쌀농사를 짓기도 어려웠고, 태풍 같은 자연재해도 비일비재했을 뿐 아니라 가까이 있는 왜구의 침략과 약탈에 늘 시달렸기 때문이지요.

그런데 이런 척박한 섬 제주에서 나고 자란 한 조선 여인이 왕의 찬사를 받았고, 한양 곳곳에서 이 여인을 칭송하는 글이 쏟아졌다면, 그 사실이 믿기나요? 오늘날에도 제주도 곳곳에는 이 여인을 기리는 묘비와 묘탑이 자리 잡고 있어요. 추사 김정희는 이 여인을 칭송하며 '은광연세恩光衍世', 즉 은혜로운 빛이 온 세상에 뻗어 나간다고 표현하기도 했지요.

"이 세상에 태어나고 이 세상을 떠나는 동안 넉넉하게 멋스럽게 살다 간 사람으로 귀하다 할 만한 사람이다."

박제가, 《정유각집》

이 같은 극찬을 받은, 오늘날에도 제주도에서 추앙을 받는 이 여인은 바로 조선 시대 기생 김만덕입니다. '기생'이라고 하니 예상

김만덕 영정 김만덕기념관 소장

밖의 단어라 놀랍지요? 다소 부정적인 이미지를 떠올릴 수도 있을 거예요. 당시에도 기생은 천민 신분으로 하층민 취급을 받았습니다. 그런데 제주 기생 김만덕은 왕을 직접 만나는 영광까지 누렸습니다. 대체 어떤 인물이었기에 왕까지 만났을까요? 당시 왕이었던 정조는 김만덕이 해낸 일을 크게 칭찬했다고 전해지는데 얼마나 대단한 일을 했던 것일까요? 험지인 제주에서 태어나 기생이 된 여인이 조선의 스타로 떠오르기까지, 성별과 신분의 차별을 극복하고 용기

있게 인생을 개척해나간 제주 기생 '김만덕'의 놀라운 이야기를 낱낱이 벗겨보겠습니다.

시련의 섬 제주에서
기생의 수양딸이 되다

조선 시대에 제주도는 역모 등 중죄를 저지르거나 왕족 중 폐위된 인물이 가게 되는 최악의 유배지기도 했던 터라 많은 이들이 일평생 가고 싶지 않아 하는 섬이었습니다. 어쩌다가 제주도로 가게 된 이들은 사용하는 언어와 먹거리가 다른 척박한 환경에서 살아남아야 했기에 쉽지 않은 삶을 살았고요.

1739년, 이토록 척박한 섬 제주에서 김만덕은 양인 부모님 아래 2남 1녀 중 둘째 딸로 태어납니다. 김만덕의 아버지는 육지를 오가면서 장사하던 제주 상인이었어요. 제주산 물건을 육지로 나가 팔고, 육지에서 제주도에 필요한 물건을 사 와서 되팔기도 했지요. 김만덕은 육지를 오가며 일하는 아버지를 보면서, 때때로 '바다 건너 세상은 어떨까?' 상상하는 천진난만한 제주 소녀였습니다.

그런데 김만덕이 열한 살이었던 1750년 가을, 어린 만덕은 충격에 휩싸이고 맙니다. 전라도 나주에서 제주도로 배를 타고 돌아오던 만덕의 아버지가 거대한 풍랑을 만나 바다에서 목숨을 잃는 안타까운 일이 일어난 것이었지요. 그로부터 1년 뒤, 만덕에게 또 하나의 비극이 찾아오고 맙니다. 남편의 사망 소식을 듣고 쓰러진 만덕의 어머니가 시름시름 앓다가 숨을 거두고 만 것이었어요. 그렇게 김만덕 삼 남매는 부모님을 모두 여의고 척박한 제주 섬에 고아로 덩그러니 남겨지고 말았습니다.

삼 냄매 중 남자 형제 둘은 허드렛일을 돕는 일원으로 친척 집에 가게 되었고, 여자아이는 일손이 되지 않는다고 여겨졌기에 김만덕은 홀로 남게 되었습니다. 고작 열두 살밖에 되지 않은 어린 만덕은 앞으로 살아갈 날이 막막하고 또 너무나 외로웠을 테죠.

그런데 그때, 만덕에게 손을 내민 이가 있었습니다. 갈 곳 없는

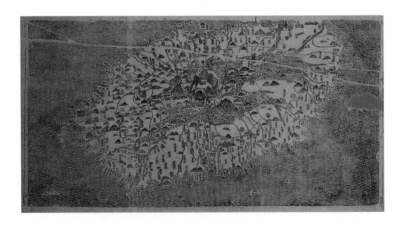

탐라지도 조선 숙종 35년(1709) 정월에 제작된 제주도 지도로 제주도의 지리적 상황을 기록했다. 본토 쪽에서 제주도를 바라보는 시선으로 그려져 제주도의 남쪽이 지도의 상부가 되었다. 문화재청 제공.

만덕에게 손을 내민 이는 바로 제주 기생이었어요. 나이가 들어서 일이 거의 없는 나이든 기생, 퇴기로 그가 만덕에게 손을 내민 이유는 따로 있었습니다. 당시 퇴기는 자신의 노후를 돌봐줄 수양딸을 찾고 있었어요. 그런 그의 눈에 만덕이 눈에 띈 것이지요. 또 당시 관청 소속 기생은 일을 그만두기 위해서는 자신의 뒤를 이을 기생을 세워야 했기에 퇴기는 만덕이 자신을 대신해 기생이 되어주기를 바랐던 것입니다.

> "어려서 어머니를 여의고 돌아가서 의탁할 곳이 없어서 기생의 집에 의탁하여 살았다."
>
> 채제공, 《번암집》 중 〈만덕전〉

퇴기의 수양딸이 되면 먹고 사는 일은 해결할 수 있었어요. 하지만 한 가지, 크게 달라지는 것이 있었는데요. 그것은 바로 '신분'이었습니다. 본래 김만덕의 신분은 부모님을 따라 양인이었으나 기생의 수양딸이 되면 새 어머니 신분을 따라 천민이 될 수밖에 없었지요. 신분 하락을 감수해야만 했던 것입니다.

당시 천민은 사회적으로 천대받으면서 모멸감과 수치심을 견뎌야 했어요. 이뿐 아니라 천민이라는 신분이 자식에게 대물림되기에 불가피한 경우가 아니라면 누구도 천민이 되기를 원하지 않았을 것입니다. 또한 조선 시대 기생은 국가에 소속된 공노비로, 관아의 재산으로 여겨졌습니다. 그러나 김만덕은 당장 먹고사는 문제를 해결하는 게 급선무였기에 천민이 되는 걸 감수하고 기생의 수양딸이 됩니다.

조선 예능인으로 활약한
당찬 기생의 등장

몇 년이 흘러 김만덕이 10대 후반이 됐을 무렵, 김만덕은 또 한 번 엄청난 변화를 맞이하게 됩니다. 관청 소속의 기생, '관기'가 된 것입니다. 조선 시대에는 모든 기생이 거주지 관청 명단에 등록되어 활동했기에 김만덕 역시 제주 관청 소속 기생으로 활동하게 된 것이었지요.

'기생' 하면 접대하는 모습을 떠올리기 쉬운데요. 그러나 조선 시대 기생 대다수는 오늘날 예능인과 비슷했습니다. 노래, 춤, 가야금, 거문고 등 다양한 기예를 두루 익혔을 뿐 아니라 양반 문화인 글과 시 짓기와 그림 그리기를 익혀 수준 높은 교양을 지녔다고 합니다. 신분은 천민이었지만 수준 높은 재능을 뽐내며 주목받고 사랑받던 예능인이기도 했던 것이지요.

관기가 하는 일 역시 주로 제주 관청에서 열리는 잔치에 참석해서 춤과 노래 등 기예를 뽐내며 흥을 돋우고 관리들의 말벗을 하는 것이었습니다. 관기가 된 김만덕은 과연 이 일을 잘 해냈을까요?

> "자색이 있어 부府에 속한 기생으로 뽑혔고 기예를 배울 때 무엇이
> 나 다 잘했다. 또한 성격이 활달하여 대장부의 기상이 있었다."
>
> 이면승,《감은편》중 〈만덕전〉

'자색이 있다'라는 표현을 통해 김만덕의 용모가 매우 아름다웠음을 알 수 있으며, '기예를 배울 때 뭐든 잘했다'라는 설명으로 악기와 춤 등 기예를 능수능란하게 잘 해냈다는 사실을 알 수 있습니다. 또 놀랍게도 대장부에 비교될 만큼 기상이 돋보이는 당찬 인물이었다고 해요. 양인에서 천민 신분의 기생이 되었으나 당당한 모습을 잃지 않았던 것이지요.

> "비록 머리를 숙이고 기생 노릇을 하였으나 그 자신은 기생으로 처
> 신하지 않았다."
>
> 채제공,《번암집》중 〈만덕전〉

용모가 아름다우며 기예 솜씨를 뽐낸, 굳은 기개도 지닌 여인 김만덕. 그녀의 인기는 어땠을까요? 당연히 김만덕은 제주 관리들 사이에서 금세 유명해졌고 큰 인기를 얻었습니다. 그리고 인기와 함께 따라온 것, 바로 '부'였겠지요? 당시 기생은 인기에 따라 상여

금을 받았기에 재주 있고, 활달하며 당찬 기생 김만덕은 부와 명성을 동시에 쌓아 나갈 수 있었습니다.

그렇게 시간이 흘러 관기 중에서도 제법 서열이 높아진 김만덕의 나이도 어느덧 스무 살이 넘어가고 있었습니다. 이 무렵 그의 인생은 또 한 번 완전히 달라지게 됩니다. 이번에는 오로지 김만덕의 의지로 생겨난 변화였지요. 김만덕은 한 가지 선택으로 당시 조선의 상식을 깨는 충격적인 행보를 보입니다. 과연 어떤 선택이었을까요?

바로 '평생 혼자 살겠다'고 다짐한 것이었지요. 지금으로 따지면 비혼 선언을 한 것과 같았습니다. 조선 시대엔 양반이든 평민이든 결혼해서 자식을 낳으면서 살아가는 삶을 상식으로 여겼어요. 기생의 경우는 어땠을까요? 기생들은 결혼할 나이가 되면 신분상 본처는 될 수 없었기 때문에 양반이나 유력 인물의 첩이 되기를 원했습니다. 첩이 되어 편안한 노후를 보장받고자 했던 것이지요.

그러나 김만덕은 통념에 얽매이지 않고, 배우자 없이 홀로 서겠다는 당찬 결심을 했습니다. 혼자서도 충분히 삶을 꾸려나갈 수 있다는 자신감이 있었던 거예요.

> "김만덕은 탐라의 사내들을 머슴으로 거느리기는 했으나 남편으로 맞이하지 않았다."
>
> 채제공, 《번암집》 중 〈만덕전〉

김만덕이 사는 곳 역시 비혼 결정에 영향을 주었을 것으로 추정하는데요. 제주는 오래전부터 삼다三多의 섬으로 유명합니다. 바로 세 가지, 돌, 바람, 여성이 많다고 하여 붙여진 이름이지요. 돌과 바람은 제주라는 섬을 떠올리면 쉽게 연상이 되는 것인데, 여성이 많다는 이야기는 왜 생겨났을까요? 제주에선 남자들이 바다로 뱃일을 나갔다가 죽는 일이 많았습니다. 김만덕의 아버지 역시 바다에서 숨을 거둔 것 기억나지요? 그래서 제주에는 홀로 강인하게 삶을 꾸려나가는 여인이 많았어요. 김만덕도 제주 여인의 독립적이고 당찬 기질을 지니고 있었던 듯합니다.

기생에서 상인으로, 장사의 세계에 뛰어들다

김만덕은 나이가 들면 입지가 좁아지는 기생 일에 한계를 느끼고, '새로운 도전을 해 봐야겠다' 결심했습니다. 그리고 오랫동안 해오던 관기 일 밖으로 눈을 돌리기 시작합니다. 고심 끝에 새로 뛰어든 일, 과연 무엇이었을까요? 바로 '장사'였습니다. 당시 관기는 관리의 허락을 받아 남는 시간을 활용해 다른 일을 하는 것이 가능했어요.

그런데 왜 하필 장사를 결심했을까요? 기생으로 일하면서 육지에서 온 관리를 대접하는 일도 했던 김만덕은 그 관리들에게 제주도 밖의 솔깃한 이야기들을 들을 기회가 있었지요. '어떤 천민이 장사로 떼돈을 벌었다', '제주도의 어떤 물건이 불티나게 팔린다' 같은 이야기도 듣게 되었을 것입니다.

1700년대 조선은 한양을 중심으로 전국 곳곳에 큰 시장이 생기면서 상업이 크게 발달하고 있었습니다. 김만덕은 일반 여성보다 활동 폭이 넓었고 다양한 인맥을 쌓을 수 있었습니다. 물론 조선에서 여성이 장사하는 일이 쉽지 않을 것이라는 사실도 잘 알고 있었지요.

하지만 급변하는 조선의 분위기를 재빨리 감지하고, 상인이었던 아버지를 떠올리며 자신감을 얻었습니다. 그렇게 김만덕은 타의로 선택한 기생의 삶이 아닌, 자신이 직접 선택한 상인의 삶에 남은 인생을 걸어 보겠다고 다짐하며 용기 있게 장사의 세계로 뛰어들었습니다.

장사를 결심한 김만덕의 눈에 띈 것이 있었습니다. 바로 제주를 오가는 상인들이었지요. 김만덕은 그 상인들을 이용해 돈을 벌 수 있겠다고 판단하고, 악착같이 모은 돈으로 교통의 요지인 포구 가까이에 상인들이 물건을 거래할 수 있는 점포를 세웠습니다. 그 점포에서 육지 물건을 들고 제주도로 오는 육지 상인들과 제주의 물건을 들고 육지로 나가는 제주 상인들이 서로 거래할 수 있게 한 것이지요. 조선 주막과 비슷하면서 조금 더 규모가 컸던 이 점포에서 김만덕은 상인들에게 잠자리를 제공하고 먹을거리를 팔았을 뿐만 아니라 상인들을 서로 연결해주고, 상거래를 중개하는 대가로 수수료를 받았습니다.

상인들은 김만덕 점포에서 숙식을 해결하고 장사에 필요한 것도 얻을 수 있었지요. 이 점포는 상인이 '먹는 것', '자는 것', '장사하는 것'을 가능하게 하는 일종의 플랫폼과 같은 역할을 했습니다. 많은 상인이 이 점포를 이용해 상거래를 지속했고, 김만덕은 상인으로서도 남다른 성과를 내기 시작했어요.

점포를 운영하면서 장사에 눈을 떠간 김만덕은 중개 수수료를 받는 것에서 그치지 않고 '내 장사를 해보자!' 결심합니다. 점포에 오는 상인들을 통해 시장 정보를 알아낸 뒤, 곧바로 육지에서 쌀을 사들이기 시작했지요. 왜 쌀이었을까요? 제주도에서는 쌀이 매우 귀했습니다. 화산섬인 제주도는 물이 지하로 잘 빠져나가기 때문에 논에 물을 가둬야 하는 쌀농사가 어려웠기 때문이지요. 김만덕은 바로 이 점에 주목한 것이었습니다.

김만덕은 쌀을 사들이면서 굉장한 통찰력을 발휘했어요. 쌀값이 싼 가을에는 쌀을 잔뜩 사들여서 점포 창고에 저장해 두었다가 쌀이 귀한 봄에 비싼 값으로 팔았습니다. 점포라는 저장 시설과 충분한 자본력을 바탕으로 수요와 공급 원리를 이해하고 시세차익을 이용함으로써 이윤을 극대화한 것이지요. 그야말로 타고난 장사꾼의 모습이었습니다.

"재화를 늘리는 데 재능이 있어서 물가의 높고 낮음을 잘 짐작하여 내어 팔거나 쌓아놓거나 했다."

채제공, 《번암집》 중 〈만덕전〉

조선 팔도를 뒤흔든
장사 비책

그뿐 아니었습니다. 타고난 장사꾼 김만덕, 이번에는 제주도의 특산품도 육지로 내다 팔기 시작했습니다. 이때 내다 판 물건은 무엇이었을까요? 당시 조선 양반들의 필수품이었던 '갓'과 관련이 있습니다. 바로 갓의 주재료 '말총'이었지요. 말총은 말의 갈기나 꼬리털을 말합니다. 말총을 실처럼 만든 후 한땀 한땀 엮어 만든 것이 갓이지요. 제주산 말총은 질이 좋고 튼튼해서 갓의 최상품 재료로 취급되었습니다. 또 갓에서 얼굴을 가리는 부분인 '양태'의 주재료는 대나무로, 대나무를 명주실처럼 가늘게 뽑아 넓적한 모양으로 만든 것이었습니다. 김만덕은 제주도의 솜씨 좋은 사람들을 동원해서 양태 또한 대량으로 만들어 육지에 내다 팔았습니다.

이 시기 조선 시장에서 갓은 굉장히 인기 있는 품목이었습니다. 왜일까요? 당시에 장사가 활발해지면서 큰돈을 번 평민들이 늘어났고, 부를 쌓은 평민은 돈으로 양반 신분을 사기도 했지요. 그렇

갓(좌)과 양태(우) 국립제주박물관 제공

게 양반 신분을 산 사람들은 양반의 상징이었던 갓을 사서 '나도
양반이다' 과시하고 싶었던 것입니다. 갓에 대한 수요가 늘어난 덕
분에 김만덕이 판 제주산 말총과 양태는 놀랍게도 한양에서 100배
오른 가격으로 거래되기도 했습니다. 전라도 포구에서는 말총과
양태를 실은 김만덕의 배가 도착하면 상인들이 너도나도 사겠다
며 쟁탈전을 벌였다고 하고요. 이렇게 김만덕은 남다른 장사 감각
으로 점차 제주도 거상의 입지를 다질 수 있었습니다.

  유명세를 탈 정도였는지 김만덕이 장사를 시작한 지 10년이 지
났을 무렵에는 김만덕을 음해하는 말들이 세간에 떠돌기도 했습
니다. 기생 시절의 소문을 들먹이며 김만덕을 비난하는 사람들이
생겨난 것이지요.

  "만덕은 품성이 음흉하고 인색해 돈을 보고 따랐다가 돈이 다하면

떠나는데, 그 남자가 입은 바지저고리까지 빼앗으니 (…) 군郡의 기
생들조차도 침을 뱉고 욕하였다.”

심노승, 《효전산고》

이 기록은 김만덕에 관한 수많은 글 중 유일하게 부정적인 이야
기가 담긴 글입니다. 김만덕을 남자 돈을 빼앗고 돈만 밝히는 사람
이라고 묘사했어요. 이 글을 통해 김만덕을 향한 당시 사람들의 시
기와 질투, 기생 시절부터 재물을 모으는 데 악착같았던 김만덕의
모습을 떠올려 볼 수 있습니다. 그러나 뒤집어 생각하면, 이런 악착
같은 면이 있었기에 상인으로서도 성공할 수 있지 않았나 추정합니
다. 타고난 장사꾼 기질을 보여주는 기록으로 볼 수도 있겠지요.

유교 질서가 강했던 조선에서 성공한 여성 상인을 향한 시기와
질투를 내보이는 이들은 분명 있었을 것입니다. 그러나 김만덕은
아랑곳하지 않고 30년간 장사를 이어나갔고, 오십의 나이로 명실
상부 조선 최초 제주도 여성 사업가로 우뚝 서게 됩니다.

쑥대밭이 된
제주도를 구하다

상인으로 성공 가도를 달리던 김만덕에게도 일생일대의 위기가

찾아옵니다. 더 이상 장사를 이어나가기 어려운 상황에 처하게 된 것이었지요. 정조 재위 14년, 1790년부터 제주도에는 극심한 흉년이 3년 넘게 이어집니다. 굶어 죽는 사람이 속출했고, 제주도지사격인 제주 목사는 한양에 있는 정조에게 참혹한 제주도 상황을 호소했습니다.

> "내년 봄이면 틀림없이 금년보다 배나 더 굶주림을 호소할 것입니다."
>
> 《정조실록》

정조는 제주도에 구휼미를 보냈고, 제주도 백성들은 이 구휼미로 겨우겨우 살아가고 있었어요. 그런데 정조가 구휼미를 보낸 지 얼마 되지 않아 또 문제가 발생합니다.

제주도에 큰 흉년이 든 그다음 해인 1794년 8월, 엄청난 위력의 태풍이 제주도를 휩쓸었어요. 심지어 태풍이 지나간 자리에 전염병까지 창궐해 섬 전체로 퍼져 나갔습니다. 이 시기 기록을 보면 기근 전 약 6만 2,000명이었던 제주도 인구는 불과 1년 사이에 약 4만 4,000명으로 줄었음을 알 수 있습니다.

이런 상황이었으니 김만덕의 장사도 절체절명의 위기를 맞았습니다. 당장 목숨이 위험한 상황에서 물건을 팔 수 있었을까요? 판다 한들 물건값을 줄 수 있는 사람도 거의 없었지요.

정조 영정 효행기념관 소장

조정의 도움이 절실한 제주도의 상황을 알게 된 정조는 깊은 고민에 빠졌습니다. 당시 전국적인 기근으로 다른 지역의 형편도 어려웠기 때문입니다. 고심 끝에 정조는 1795년 2월, 또다시 조선 조정과 지방 관아들이 보유한 곡식을 끌어모아서 제주도를 구하기로 정합니다.

제주도의 생명줄, 구휼미 1만 1,000여 석이 배 수십 척에 나뉘어 실렸고 제주도를 향해 힘차게 출발했습니다. 그런데 곧이어 정조를 충격에 빠뜨린 소식이 전해졌습니다. 구휼미를 싣고 제주도로 향하던 배 다섯 척이 침몰하고 만 것이었습니다.

"5척의 배가 파손되어 수백 포에 달하는 곡식이 못 쓰게 되었다는 사실에 또 나도 모르게 눈이 휘둥그레졌다."

《정조실록》

이때 바다에 그대로 잠겨 버린 곡식은 무려 900석으로, 약 150톤에 해당하는 양이었습니다. 믿을 수 없는 소식에 제주도 백성들도 애가 타기 시작했지요. 곡식 일부는 겨우 도착했지만, 몇 해 동안 굶주린 이들이 나눠 먹기엔 턱없이 부족한 양이었어요.

대기근 상황에서 장사하기 어려워진 김만덕도 이 비보를 듣게 되었습니다. 그러자 김만덕은 엄청난 결심을 합니다. 바로 자신의 사비로 배를 띄워 육지에서 직접 곡식을 공수해오겠다는 결심이었지요. 그러나 김만덕이 보낸 배 역시 무사히 돌아온다는 보장이 없었기에 육지에서 쌀을 사 오는 일은 돈과 쌀을 모두 잃을 수도 있는 엄청난 위험을 감수해야 하는 일이었습니다. 그럼에도 김만덕은 고향 제주도를 살리기 위해 이 일에 30년 넘게 장사하면서 모은 전 재산을 걸었어요. 자신의 재산을 지키는 것보다 제주도를 살리는 일이 더욱 시급하다고 여겼기에 할 수 있었던 결정이었지요.

전 재산을 걸 정도로 육지에서 쌀을 사 오는 일에 몰두한 김만덕의 노력은 어떤 결과를 맞았을까요? 다행히 구매한 쌀 60섬이 제주도에 무사히 도착했습니다. 김만덕은 이 쌀을 전부 제주 관청에 구휼미로 내어주었어요. 전국적 흉년으로 쌀값이 비쌌는데, 손해를 감수한 것이었지요. 김만덕 덕분에 성인 남성 한 명당 두 주먹씩 쌀을 나눠 가질 수 있었습니다. 60섬은 약 10톤으로, 이는 3만 명을 구할 수 있는 양이었습니다.

제주도 사람들은 생명의 은인 김만덕의 은혜를 기리고 칭찬했어요. 그렇게 제주도 사람들은 오랜 굶주림의 지옥에서 벗어날 수 있었고 김만덕은 제주를 살린 영웅이 되었습니다.

"모두 만덕의 은혜를 찬송하며 '우리를 살린 이는 만덕이네'라고 했다."

채제공, 《번암집》 중 〈만덕전〉

당시 조선에는 재난이 닥치면 양반 부자들이 곡식을 기부하기도 했습니다. 그러나 양반도 아닌 천민이, 또 남성이 아닌 여성이 직접 번 돈을 아낌없이 내놓는 일은 거의 없었지요. 사람들을 살리기 위해 일부도 아닌 전 재산을 내건 김만덕의 선행은 당대 통틀어 찾아보기 어려운 기부의 사례였습니다.

정조, 제주 영웅 만덕을 치하하다

그렇게 제주도는 안정을 되찾아가고 있었지요. 그런데 그때, 제주 목사가 김만덕을 급히 찾습니다. 도대체 무슨 일일까요? 제주 목사가 김만덕을 부른 이유, 바로 조정에서 제주 목사 앞으로 이런 명령을 내렸기 때문이었습니다.

"경은 그가 원하는 대로 해준 뒤 보고하라."

놀랍게도 이 명령은 정조가 내린 것으로, 왕이 제주 목사에게 김만덕이 말하는 어떤 소원이든 전부 들어주라고 명령한 것이었습니다. 한양에 있는 정조가 어떻게 김만덕을 알고 이런 어명을 내린 걸까요?

제주도 구휼이 끝난 후 정조는 제주도 백성들에게 구호물이 잘 나누어졌는지 확인하기 위해 구호물 배분 보고서를 읽고 있었습니다. 그런데 한 문장이 정조의 눈길을 사로잡았어요.

'백미 60섬은 노기 만덕이 원납한 것입니다.'

《일성록》

관리도 양반도 아닌 일개 천민 기생인 김만덕이 전 재산을 털어서 육지에서 쌀을 사 와, 백성들에게 나눠줬단 사실을 알게 된 정조는 엄청난 충격을 받았습니다.

'만덕은 어떤 마음으로 이렇게 많은 쌀을 마련해 굶주리고 궁핍한 사람들을 도와주는 것인가?'

김만덕이 해낸 일에 크게 감동한 것이지요. 정조는 김만덕을 크게 치하하고 무엇이든 해주고 싶은 마음이 들었을 것입니다.

왕이 어떤 소원이든 들어주겠다고 한다면, 여러분은 어떤 소원을 빌 것인가요? 어명을 따르기 위해 김만덕을 불러들인 제주 목사에게 김만덕은 두 가지 소원을 이야기했습니다. 이를 들은 제주 목사는 깜짝 놀라고 말았지요. 김만덕이 말한 첫 번째 소원은 태어나서 한 번도 가보지 못한 한양에 가보는 것이었고, 두 번째 소원은 조선 제일의 명산, 금강산을 보는 것이었습니다.

"다만 한 번 서울에 가서 임금님이 계신 곳을 바라보고 이내 금강
산에 들어가 일만 이천 봉을 구경한다면 죽어도 한이 없겠습니다."

채제공, 《번암집》 중 〈만덕전〉

　김만덕의 소원이라면 뭐든 들어주고 싶었던 정조는 이 소원을
듣자마자 깊은 고민에 빠집니다. 당시 제주도 백성은 '출륙 금지
령'이라는 법 때문에 절대 제주도 밖으로 나올 수 없었기 때문입니
다. 출륙 금지령은 김만덕이 태어나기 110년 전인 인조 때 만들어
진 법으로, 제주도 백성은 관아에서 허락한 일부 남성과 극소수 상
인을 제외하고는 누구도 섬 밖으로 나가지 못하게 했지요.

　왜 이런 법이 생겨났을까요? 인조 대에 제주도에 큰 기근이 들
면서 제주도 백성이 육지로 도망치는 일이 잦아지자 제주도 백성
에게 각종 세금과 제주산 귤, 전복, 말 등 진상품을 받아야 했던 조
정에서 제주도 백성의 이탈을 막기 위해 법으로 이동을 금지한 것
이었습니다. 이 때문에 김만덕 역시 아무리 돈이 많아도 육지에는
갈 수 없어, 소원으로 한양에 직접 가보고 싶다고 말하게 된 것이
었지요.

　1796년 가을, 정조는 심사숙고 끝에 결정을 내립니다. 김만덕이
제주도를 나올 수 있도록 명을 내려 국법을 깨버렸지요. 그뿐만이

아니었습니다. 정조는 "김만덕의 여행 경비와 먹을 것 등 필요한 모든 것을 지원하라" 명했습니다. 그렇게 한양으로 오게 된 김만덕은 제주도와 달리 화려하고 북적북적한 한양을 구경하며 시간 가는 줄 몰랐을 것입니다.

왕이 직접 나선
김만덕 알리기 프로젝트

며칠이 지난 어느 날, 김만덕은 살면서 단 한 번도 상상해 보지 못한 일을 마주하게 됩니다. 한양에 온 김만덕을 꼭 한번 만나고 싶었던 정조가 김만덕에게 내의원 의녀 반장인 '의녀반수醫女班首'란 벼슬을 하사한 것입니다.

이는 천민 여성이 받을 수 있는 최고의 벼슬이었습니다. 기생 출신 여성이 왕에게 직접 의녀반수라는 벼슬을 하사받은 것은 조선 역사상 전무후무한 일이었지요.

"김만덕으로 하여금 내의원 의녀를 삼아서 모든 의녀의 반수에 두었다."

채제공, 《번암집》 중 〈만덕전〉

정조는 왜 김만덕에게 벼슬을 내렸을까요? 조선 궁궐 법도 상 기녀 신분으로는 입궁할 수 없었기 때문입니다. 김만덕이 궁궐에 들어올 수 있도록 의녀반수라는 명예직에 올린 것이었어요. 천민이었던 제주 기생 김만덕이 벼슬에 오른, 그야말로 인생역전의 순간이었습니다. 의녀반수를 하사받은 다음 날, 김만덕은 가마를 타고 창덕궁으로 가 조선의 왕 정조를 직접 만났고 극진한 대접을 받았습니다.

김만덕을 향한 정조의 예우와 칭송은 여기서 끝나지 않았습니다. 정조는 김만덕의 선행을 널리 알리기 위해 파격적인 방법을 동원했어요. '초계문신'을 평가하는 시험에서 제시어로 '만덕'이라는 두 글자를 내놓은 뒤, 김만덕이 무엇을 했으며 김만덕에게서 배워야 할 점이 무엇인지 논술하라는 문제도 냈습니다. 초계문신은 정조가 자신을 보필할 인재를 양성하기 위해 특별히 선발한 문신으로, 초계문신의 대표적 인물로 정약용이 있습니다.

이뿐만 아니라 정조는 좌의정 채제공에게 김만덕 전기, 이른바 〈만덕전〉을 만들어 김만덕의 일생을 전기로 남기도록 명했습니다. 실제로 〈만덕전〉에는 '만덕은 천금을 내어 쌀을 사 오도록 하니 굶주려 누렇게 뜬 병에 걸린 사람들이 그 소문을 듣고 관아로 모여들어 마치 구름 같았다' 등 김만덕의 선행을 상세히 알 수 있는 내용이 담겨 있어요.

당시 정조는 김만덕이 제주 백성을 위해 기부한 사실을 널리 알

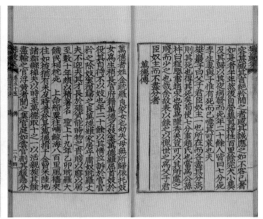

채제공 초상과 〈만덕전〉 〈만덕전〉은 제주 여인 김만덕의 선행을 기록한 작품으로 《번암집》에 실려 있다. 김만덕이 남자도 하기 힘든 일을 여러 역경을 딛고 해낸 일에 대한 칭찬과 감탄, 임금의 배려로 서울과 금강산 나들이를 하게 된 보기 드문 훌륭한 일을 기록한 것이다. 한국민족문화대백과사전 제공.

려 나라가 어려운 시기일 때, 조정 대신들과 양반들이 김만덕처럼 헌신하기를 바랐을 것입니다. 또 백성들도 김만덕을 본받게 하고 싶었을 테고요.

이듬해인 1797년, 드디어 김만덕은 금강산의 절경도 마주하게 됩니다. 조선 시대는 아무나 여행할 수 있는 때가 아니었기에 여행이 고팠던 선비들은 방에 누워 상상 여행을 했다고 합니다. 그런 선비들이 평생에 꼭 한번 가고 싶은 여행지 1위가 바로 금강산이었다고 하지요.

조선 선비들이 꿈만 꿨던 금강산을 제주 기생 출신 김만덕이 직

〈금강내산총도〉 13폭의 금강산 일대 경치가 담긴 정선 필 《신묘년 풍악도첩》에 실린 작품으로, 웅장하고 수려한 금강산의 모습이 표현되어 있다. 문화재청 제공.

접 여행했다는 사실이 매우 놀랍지 않나요? 채제공은 금강산과 한라산까지 본 김만덕을 "수많은 사내 중에서 이런 복을 누린 자가 과연 있겠는가!"라며 추켜세우며 칭찬하기도 했지요. 평생의 소원 두 가지를 모두 이룬 김만덕은 벅차기도 하면서 굉장히 기뻤을 것입니다.

시대를 앞서간
조선판 노블레스 오블리주

두 가지 소원을 전부 이룬 김만덕이 정조에게 하직 인사를 하기 위해 금강산에서 한양으로 돌아왔을 때, 놀랍게도 한양은 김만덕을 보기 위해 모인 사람들로 가득했습니다. 벼슬이 높은 사람과 선비들도 김만덕을 보겠다며 모여들었지요.

> "만덕의 이름이 서울 안에 가득하여 공경대부와 선비들이 모두 한 번 만덕의 얼굴 보기를 원하지 않는 자 없었다."
>
> 채제공, 《번암집》 중 〈만덕전〉

김만덕이 금강산에 간 사이, 정조의 총애를 받은 김만덕의 이야기가 궁궐 담을 넘어서 도성 전체에 퍼져나갔던 것입니다. 김만덕은 제주도를 떠나 한양에 오면서 이런 일을 상상이나 했을까요? 이제 김만덕은 조선에서 제일가는 유명인이 되었지요.

제주도로 금의환향한 김만덕은 15년간 변함없이 장사를 이어나갔고 일흔셋의 나이로 세상을 떠납니다. 세상을 떠나기 전 김만덕은 또 한 번 모두가 깜짝 놀랄 유언을 남겼지요.

"저의 전 재산을 어려운 사람을 위해 기부하겠습니다."

거상이 되어 일군 재산을 제주도의 빈민을 위해 쓰겠다고 밝힌 것이었지요. 김만덕이 해낸 일은 당시 양반과 조정 대신도 하기 어려운 일이었습니다. 자신이 모은 모든 것을 내놓았다는 점에서 매우 특별하고 또 대단했습니다.

조선 시대 척박한 제주에서 태어나, 기생으로 살아야 했던 김만덕은 천민이라는 신분의 굴레에 묶이지 않고 삶을 개척해나간 용기 있는 인물이었어요. 또 인생을 바쳐 번 돈을 기꺼이 어려운 이들을 위해 쓰며 노블레스 오블리주를 실천한 큰사람이었지요. 우리는 김만덕처럼 스스로 한계를 뛰어넘으며 시대를 앞서간 용기 있는 인물을 기꺼이 영웅이라고 부르곤 합니다.

김만덕은 조선 시대 사람이지만, 남을 위해 자신의 것을 내어주

제주 사라봉 남면에 위치한 모충사와 모충사 안 김만덕 묘탑 대한민국역사박물관 근현대사 아카이브 제공

는 모습이 흔치 않은 오늘날 꼭 필요한 교훈을 전하고 있습니다. 오로지 자신의 노력으로 이룬 성공의 결과를 독식하지 않고 어려운 이에게 베푼, 영웅 김만덕의 이야기를 통해 자신과 타인을 구하는 용기에 관해 생각하는 시간이 되었기를 바랍니다.

2부

대한민국을 지켜낸 독립 영웅

5장

멸거멋은 항일 의병장

신주백 (성공회대 열림교양대학 교수)

안중근은 왜
이토 히로부미를 저격했나

　서울에서 약 900킬로미터 떨어진 중국 하얼빈역에는 우리나라의 독립운동가 하면 누구나 떠올리는 인물, 안중근 의사의 기념관이 있습니다. 2014년에 안중근 의사 의거를 기리기 위해 설립된 기념관으로 그의 생애를 한국어는 물론, 중국어로도 확인할 수 있는 곳이지요. 이 기념관 입구에는 안중근 의사의 동상이 있는데 그 위에는 9시 30분을 가리킨 채 멈춘 시계가 하나 있습니다. 과연 이 시각은 무엇을 의미하는 걸까요?

　1909년 10월 26일 9시 30분은 안중근 의사가 하얼빈역에서 이토 히로부미를 저격한 시각입니다. 일제 침략의 상징이자 원흉인 이토 히로부미를 사살함으로써 끝까지 일제의 침략에 굴복하지

하얼빈역 안 안중근 의사 동상 안중
근의사기념관 제공

않겠다는 대한제국의 의지를 전 세계에 알린 순간이기도 합니다.

안중근 의사에 대해서는 들어봤어도, 그의 가족에 관해서는 잘 모르는 분이 많을 텐데요. 안중근은 재력가로 유명한 집안에서 태어났습니다. 그의 가문은 또 하나가 남달랐는데, 바로 대대로 무관을 배출한 무인 가문이었다는 것입니다.

재력가 집안에서 태어난 안중근 의사는 어쩌다 일제에 맞서게 되었을까요? 그리고 왜 하얼빈에서 이토를 처단하려 했을까요? 조국이 아닌 중국 하얼빈에서 총을 들어야만 했던 안중근 의사의 숨겨진 이야기를 벗겨보겠습니다.

무인 집안에서 태어난
소년 호걸

1879년 9월 2일, 황해도 신천군 청계동에서 가슴과 배에 일곱 개의 사마귀가 있는 한 사내아이가 태어납니다. 아이의 부모님은 북두칠성의 정기를 받아 태어났다는 의미로 아이에게 '응칠'이라는 아명을 지어줬지요. 이 아이의 본명이 우리가 잘 아는 그 이름, 바로 '안중근'입니다. 경제적으로 넉넉한 무인 집안에서 태어난 안중근은 아버지 안태훈과 어머니 조마리아의 3남 1녀 중 맏아들로, 아래로는 두 살 어린 여동생 안성녀와 다섯 살 터울의 안정근, 열 살 터울의 안공근을 남동생으로 두었습니다.

장남 안중근은 다른 형제와 유독 남다른 점이 있었습니다. 바로 집안의 무인 기질을 누구보다 강하게 물려받았다는 것입니다. 안중근 형제와 사촌들은 집안에서 초빙한 유학자에게《사서삼경》같은 유교 경전을 배웠는데, 안중근만은 이러한 글공부보다 말타기와 사냥을 즐겼다고 합니다. 안중근의 아버지도 이런 그의 태도를 나무라지 않았다고 하고요. 특히 사격 솜씨가 일품이었다고 해요.

자유분방한 호걸이었던 안중근을 동생 안정근은 이렇게 표현합니다.

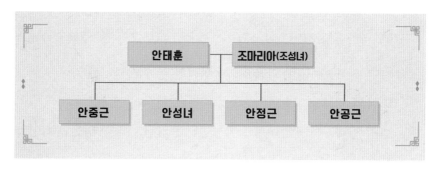

안중근 가계도

"자기가 하고자 하는 일은 별로 상의하지 않았고, 부모의 명령도 듣지 않은 적이 많았다."

어려서부터 뜻하는 바가 있으면 그 주장을 굽히지 않는 성격이었음을 보여주는 한마디입니다.

안중근은 열여섯 살이 되던 해에 결혼을 했습니다. 상대는 황해도 양반 가문에서 태어난 한 살 연상의 규수 김아려였습니다. 그런데 결혼한 그해에 안중근은 예상치 못한 사건과 맞닥뜨립니다. 처음으로 전투에 참전하게 된 것이었어요.

그 전투는 조선 관리들의 부정부패를 참지 못하고 농민들이 들고 일어선 '동학농민혁명'이었습니다. 전국 각지에서 봉기한 동학의 물결이 안중근이 살던 황해도 지역까지 퍼졌고 안중근의 아버지 안태훈은 황해도 지방 관리의 요청으로 동학농민군 진압에 나서게 되었습니다. 이에 안중근도 아버지를 따라 진압군으로 전투에 참전한 것이지요.

동학농민군이 아닌 진압군으로 전투에 가담했다는 사실에 놀란 분도 있겠지요? 안중근의 자서전 《안응칠 역사》에 따르면 안중근은 동학농민군이 외적을 배척한다는 핑계로 관리를 죽이고 백성들의 재산을 약탈한다고 봤습니다. 그러니까 안중근과 그의 아버지 안태훈의 관점에서 동학농민군 진압은 나라를 향한 충성이었습니다. 둘은 나라를 생각하는 마음이 컸기에 농민군 진압에 나섰던 것이지요.

천주교 신자가 되어 얻은 도마라는 이름

지금까지 배운 유교 가치를 지키기 위해, 그리고 나라를 지키기 위해 목숨 걸고 싸운 안중근 부자. 그러나 동학농민혁명이 끝난 후에는 오히려 급하게 몸을 숨겨야만 하는 처지가 되었습니다.

동학농민군과 맞설 때에 안태훈이 농민군이 쌓아둔 곡식을 빼앗아 군량미로 활용했기 때문입니다. 동학농민군과 맞서 싸우던 병사들을 먹이기 위해 내린 선택이었지요. 그런데 동학농민혁명이 정리되자 고위 관료들이 그때 빼앗은 곡식을 내놓으라고 요구한 것입니다. 갑자기 왜 고위 관료들이 나선 것일까요?

그들의 주장은 이러했습니다. 본디 그 곡식은 동학농민군의 것이 아니라 동학농민군이 고위 관료들에게서 빼앗은 것이니, 원래 주인에게 지체하지 말고 모두 돌려주어야 한다는 것이었지요. 그야말로 물에 빠진 사람을 구해줬더니 보따리를 내놓으라는 격이었습니다.

안태훈은 상황을 알아보기 위해 한양으로 향했습니다. 상황은 생각보다 심각했어요. 안태훈은 말도 안 되는 요구라 판단하고 곡식을 돌려주지 않았고, 그러자 곡식 주인이라 나섰던 고위 관료들은 조선 조정에 일러 안태훈을 반역죄인으로 몰아가기까지 했습니다. 위기에 몰린 안태훈은 집으로 돌아가지 못하고 피신까지 해야 했습니다.

이때 안태훈이 피신한 곳이 지금의 명동성당, 당시 '종현성당'입니다. 안중근의 아버지 안태훈은 왜 하필 성당으로 피신했을까요? 성당은 외국인이 운영하는 종교 시설이었기 때문에 일종의 치외법권 지역이나 마찬가지였기 때문입니다. 이곳이라면 몸을 숨길 수 있었지요.

몇 달 뒤, 사건이 정리된 다음에야 안태훈은 가족이 있는 청계동 집으로 돌아올 수 있었지요. 청계동으로 돌아온 안태훈에게는 큰 변화가 있었습니다. 종현성당에서 몸을 피하는 동안 천주교의 교리에 감화되어 천주교를 믿게 된 것입니다.

안태훈은 위기의 순간에 자신을 도와준 천주교의 교리를 가족들에게도 열심히 전파했습니다. 이때 안중근 역시 천주교의 만민 평등 사상을 접하고 모든 인간은 존엄하고 평등하다는 것을 깨달아 가슴 깊이 천주교를 받아들입니다. 천주교라는 새로운 눈으로 세상을 바라보면서 신분제라는 틀에서 벗어나 평등하게 인간을 볼 수 있게 되었지요. 한편으로는 서구의 역사와 가치, 문명을 알게 되면서 근대적 사고에도 눈을 뜨게 됩니다.

이때 우리가 잘 아는 안중근의 호 '도마多默'가 탄생합니다. 보통 '도마'를 한자라고만 생각하는데, 사실 도마는 안중근이 천주교 신자가 된 뒤에 받은 세례명입니다. 세례명 토마스의 한자식 발음이 다름 아닌 도마였던 것이지요.

상하이로 떠나
마주한 시련

천주교를 통해 더 넓은 세계가 있다는 걸 알게 된 안중근은 국내 외 신문을 살펴며 국제 정세의 변화를 파악하기 시작했습니다. 그 러던 어느 날, 아버지에게 뜻밖의 말을 꺼냅니다.

"중국 상하이에 조선인이 머물러 살고 있다고 합니다. 우리 가족 도 그곳으로 이주한 뒤에 뒷일을 도모하는 것이 어떻겠습니까?"

안중근은 대체 왜 이런 말을 한 것일까요? 먼저 당시 상황을 알 아보겠습니다. 때는 1905년, 일제는 대한제국의 외교권을 빼앗는 을사늑약乙巳勒約을 강제로 체결했습니다. 나라에 충성하고자 한 안 중근이 이 부당하고 치욕적인 현실을 가만히 두고 볼 수 있었을까 요? 당연하게도 안중근은 대한제국을 침략하려는 일제에 저항하 기로 결심합니다. 그런데 국내에는 이미 일제의 군대가 주둔하고 있는 데다가 무력의 차이도 너무 컸습니다. 그래서 안중근은 가족 들과 함께 해외로 이주해 그곳에서 일제 침략에 맞서 대한제국의 독립을 지킬 방법을 찾기로 한 것이지요.

갑작스러운 제안에도 아버지 안태훈은 흔쾌히 동의했습니다. 유학을 공부하고 무관을 배출한 안중근 집안은 국가에 대한 충성 심이 남달랐고 그 덕분에 안중근과 그의 아버지는 국가적 위기가 발생했을 때 생활 기반을 바꾸면서까지 나라의 위기를 돌파할 방법을 찾겠다고 결심할 수 있었을 것입니다. 아버지와 상의를 마친 안중근은 계획을 실행하기 위해 상하이로 답사를 떠납니다.

그러나 상하이에 도착한 안중근은 생각지 못한 장벽에 부딪히게 됩니다. 상하이에서 힘이 있거나 잘사는 동포들을 찾아다니며 나라를 구하기 위해 함께 나설 것을 설득했지만 아무도 안중근의 말에 관심을 보이지 않았거든요. 함께 힘을 모을 사람을 찾지 못한 것입니다.

아버지의 죽음,
독립운동 결의를 다지다

나라를 지키겠다는 의지 하나로 낯선 땅으로 떠난 청년 안중근은 동포들의 외면에 좌절한 채 수개월 만에 고향으로 돌아올 수밖에 없었습니다. 그런데 귀국한 안중근을 기다린 건, 하늘이 무너지는 듯한 소식이었어요. 안중근의 아버지가 돌아가신 것입니다.

항일운동의 방법을 모색하기 위해 상하이에 가 있던 안중근은 아버지의 부고를 제때 전해 듣지 못했습니다. 자신을 가장 잘 이해하고, 무슨 일이든 지지해 줬던 아버지의 사망 소식에 안중근은 통곡하며 몇 번이나 까무러쳤다고 합니다. 안중근은 부친의 혼백을 모셔 둔 제사상 앞에서 맹세했습니다.

"대한 독립하는 날을 맞이하여 술자리 열기를 기한으로 삼겠다."

《안응칠 역사》

조국이 일제의 침략을 물리치는 그날까지 술을 끊겠다는 다짐이었지요. 호방한 무인 기질의 안중근은 자주 술을 즐겼는데요. 좋아하던 술도 끊고 아버지와 함께 계획했던 항일운동에만 정진하겠다고 아버지 앞에서 다짐한 것입니다.

안중근은 해외에서 활로를 모색하려던 항일 활동이 좌절되고 아버지의 임종을 지키지 못한 불효를 저질렀다는 괴로움에도 무너지지 않고 아버지의 뜻을 되새기면서 새로운 삶의 태도를 결심합니다. 그리고 가족을 이끌고 평안도 진남포로 향합니다. 당시 진남포는 평안도 사람과 물자가 해외로 나가는 창구이자 중국 상선이 수시로 드나드는 번창한 항구도시였습니다. 때가 오면 언제든 해외로 망명해 항일운동을 펼칠 수 있도록 바다와 맞닿아 있는 진남포에 거점을 마련했던 게 아닐까 추측합니다.

안중근은 그날이 오기 전까지 국내에서 할 수 있는 일을 먼저 하기로 하고, 실력을 갖춘 인재들을 양성해야겠다고 생각합니다.

"멀리 앞을 내다보지 않으면 큰일을 이루기 어렵다."

안중근 의사 유묵 중에서

안중근 의사 유묵 안중근 의사가 남긴 한문 휘호이다. '인무원려난성대업人無遠慮難成大業'은 공자가 말한 인무원려필유근우人無遠慮必有近憂, 즉 '사람이 멀리 생각하는 것이 없으면 반드시 가까운 근심이 생긴다'라는 말에서 인용된 것으로, 안중근 의사는 어려서 사서삼경의 한학을 배우고 필법을 익혀 필세가 중후했다. 문화재청 제공.

안중근은 당장 군사를 결집해 일제와 싸우기에는 무력도, 세력도 없었기 때문에 먼저 학교를 짓기로 합니다. 하지만 이 계획에는 가장 큰 문제가 하나 있었어요. 바로 돈이었지요. 학교를 짓고, 인재를 교육하려면 당연히 큰돈이 필요했겠지요. 안중근은 대대로 물려받은 집안의 재산을 처분해 돈을 마련하겠다고 결심합니다.

가산을 정리하려면 당연히 가족에게 동의를 구해야겠지요? 장남은 안중근이었지만 당시 집안일을 도맡아 챙기며 가장 노릇을 하던 건 동생 안정근이었습니다. 형 안중근이 상하이로 나가 항일운동의 길을 모색하는 동안 안정근은 집안 소유 농토를 관리하고 무역을 하며 돈을 벌고 있었어요. 안중근이 집안 재산을 정리해 학교를 세우자고 했을 때, 안정근이 순순히 따랐을까요? 놀랍게도 안정근은 안중근의 뜻을 따릅니다.

안중근 형제는 가산을 정리해 교육 사

업에 투자합니다. 그리고 학교 운영이 어려워졌을 땐 가족 중에 또한 명의 후원자가 나타나 힘을 보탭니다. 이번에는 누구였을까요? 안중근의 처남이었어요. 안중근의 항일운동을 위해 처가댁 역시 경제적인 지원을 아끼지 않았습니다.

근대적인 방법의 서구식 교육이 필요하다는 안중근의 생각에 동의하고 도움을 아끼지 않은 걸 보면 안중근 가족이 안중근의 뜻을 존중하고 나라를 위하는 마음이 얼마나 컸는지, 그리고 얼마나 의식이 깨어 있었는지 알 수 있습니다.

교장 선생님 안중근, 분필을 던지고 총을 잡다

1906년 봄, 항일운동의 씨앗이 교육을 통한 계몽이라 본 안중근은 가족들의 지원을 받아 진남포 돈의학교를 인수해 교장 선생님이 되었습니다. 돈의학교에서는 무엇을 가르쳤을까요? 교육 과정에 교련을 배정해 총기 훈련을 시켰습니다.

안중근의 꿈은 여기서 멈추지 않았습니다. 그해 6월에는 영어를 가르치는 삼흥학교까지 설립합니다. 안중근은 일제에 벗어나려면 국제 정세의 흐름을 파악할 수 있어야 한다고 생각했습니다. 그리고 일제의 통제를 받는 국내의 정보가 아니라 해외 정보를 수집하기 위해 영어를 알아야 한다고 판단했지요. 그렇게 안중근은 군사 훈련과 영어 교육을 통해 일제에 저항하는 애국 계몽 활동을 펼쳐 나갑니다.

1907년 일제가 대한제국의 광무황제(고종)를 강제로 폐위시키고 군대까지 해산시키며 우리나라를 완전히 무력화해 버립니다. 이런 상황에 행동파 안중근이 학교에서 가만히 있을 수 있었을까요? 안중근은 더 이상 소극적인 방식으로는 일제에 저항할 수 없다고 깨닫고, 적극적인 방법으로 일제에 맞서겠다고 결심합니다. 1년 넘게 교육을 통한 항일운동에 앞장섰던 안중근은 교장 자리를 관두고 학교를 떠납니다.

> "지금은 우리들이 제 몸과 가족만 돌보고 있을 때가 아니므로 나는 집과 나라를 멀리 떠나 여러 곳을 돌아다니며 나랏일을 위해 목숨을 바치기로 맹세하였다."
>
> 《안응칠 역사》

이전에 상하이를 다녀온 것이 항일운동의 방법을 찾기 위한 답사였다면, 이번에는 아예 해외에서 자리를 잡고 본격적인 항일운동을 펼치겠다고 결심합니다. 목숨까지 바치겠다는 결심을 한 걸 보면 이미 무력투쟁을 염두에 두지 않았을까요.

이때 안중근에게는 여섯 살 딸과 세 살 된 아들, 그리고 돌도 되지 않은 막내아들이 있었습니다. 어린 자식들을 떼어놓고 떠나는 안중근의 발걸음은 얼마나 무거웠을까요. 하지만 안중근은 애달 픈 마음을 뒤로하고 항일운동을 위한 발걸음을 재촉합니다. 이대 로 나라가 무너진다면, 망국의 국민이 되는 가족 역시 살아도 사는 게 아니라고 생각하면서 말이지요.

국내 항일운동의 한계를 극복하고 본격적으로 일제에 대항하 기 위해 조국을 떠난 스물아홉 살의 안중근은 찬 바람이 불기 시작 한 때에 러시아 연해주의 블라디보스토크로 향했습니다. 생활 기 반조차 없는 낯선 땅 연해주에서 안중근이 가장 먼저 한 일은 바로 일제에 맞서 싸울 동지를 모집하는

것이었습니다.

"오늘날 우리 동포가 단합하지 못 한 탓에 삼천리 강산을 왜놈에게 빼 앗기고 이 지경이 되었도다. 청년 형 제들은 결사하여 우리 국권 어서 회 복하고 대한제국 만만세를 온 세상 이 놀라도록 한마음으로 단결하여 불러보세."

안중근이 연해주에서 우리말로 발행되는 동포 신문에 실은 기고입 니다. 우리가 나라를 뺏긴 이유는 단

안중근 의사 안중근의사기념관 제공

합하지 못했기 때문이라며, 단체를 조직해 국권을 회복하고 대한 제국 만만세를 외치자는 것이었지요.

다행히 이번에는 반응이 있었어요. 기고문이 실린 뒤 안중근의 절절한 심경에 감명받은 연해주 동포들이 하나둘 모여들기 시작합니다. 많은 청장년이 의병에 지원했고 병기와 군자금을 내놓겠다는 사람도 줄을 이었습니다.

블라디보스토크에 도착한 지 6개월 만에 안중근은 연해주에 자리 잡고 있던 인사들과 연합해 마침내 300여 명의 항일 의병부대를 조직합니다. 의병 참모 중장 안중근의 탄생이었습니다.

지휘관으로 나선 항일 전투

의병 참모 중장 안중근은 함경북도의 무산 인근으로 출격해 항일 전투를 시작했습니다. 연해주에서 남하해 대한제국 국경 지역의 일본군을 소탕하는 국내 진입 작전을 지휘한 것이지요.

1908년의 어느 날 밤, 안중근은 의병 300여 명을 이끌고 어둠을 틈타 은밀하게 두만강을 건너 무산으로 향했습니다. 안중근의 의병부대는 무산으로 향하며 몇 차례 일본군과 마주쳤고 전투를 벌였어요. 그 결과는 어땠을까요? 함경북도 홍의동, 그리고 신아산에서 잇따라 승리를 거둡니다. 마주친 일본군이 소규모로 움직이고 있었던 데다가, 안중근 의병부대가 기습 공격했기 때문에 가능한 승리였습니다.

목적지 무산을 향해 나아가던 안중근의 의병부대는 곧이어 영산에서 세 번째 전투를 벌이게 됩니다. 이번에도 승리를 거머쥘 수 있었을까요? 안타깝게도 이번에는 참패를 당하고 말았습니다. 얼마나 처참한 패배였는지, 의병부대 300여 명 중 20여 명만이 겨우 살아남았을 정도였어요. 앞선 두 번의 전투에서 패배한 일본군이 대규모 병력을 움직인 바람에 기습적으로 소규모 부대를 노리던 의병부대가 대응하기 쉽지 않았던 것입니다.

냉정하게 말하자면 패배의 진짜 원인은 안중근에게도 있었어요. 앞선 전투에서 안중근 의병부대는 일본군과 일본인 상인들을 포로로 붙잡았고, 의병들은 일본인 포로들을 사살하려고 했습니다. 일본군이 우리의 의병을 참혹하게 죽이니, 우리도 마땅히 복수해야 한다는 주장이었지요. 하지만 의병장 안중근은 전쟁 포로는 죽여선 안 된다는 '만국공법', 지금의 '국제법'에 따라 포로들을 풀어주었습니다.

안중근에게 있어 의병 활동은 개인의 복수가 아닌, 어디까지나 조국 독립을 위한 '정의로운 전쟁'이었고 전쟁 중에 사로잡은 포로를 죽여서는 안 되며 가둬 두었다가 전쟁이 끝나면 인도해야 했습니다. 국제적으로 합의된 원칙과 함께, 자신이 믿고 있던 천주교의 박애주의도 지키려고 한 것입니다. 하지만 인원도 적고 무기도 부족한 비정규 부대가 정규군처럼 생각하고 행동하는 건 위험한 일이었습니다. 국제법을 지키고 안 지키고의 문제가 아니라, 포로를 풀어줬을 때 부대의 보안을 지킬 수 있는 능력이 안 된다면 풀어줘선 안 됐던 것이지요.

우려한 대로 안중근이 풀어준 일본군 포로들이 안중근 의병부대의 위치와 상태를 일본군에게 알렸습니다. 안중근 부대는 위치를 정확하게 파악하고 기습 공격해 오는 일본군에 속수무책으로 당하고 말았습니다. 그렇게 죽을 고비를 넘기며 안중근은 출병한 지 한 달 반 만에 연해주 본거지로 귀환할 수 있었습니다.

하지만 돌아온 안중근을 바라보는 동포들의 시선은 싸늘할 수밖에 없었어요. 이미 연해주 동포들 사이에서 안중근이 일본인 포로를 살려 보냈다는 소문이 파다하게 퍼져 있었기 때문이지요. 냉담한 분위기에서 안중근은 패배의 쓰라린 아픔을 견딜 수밖에 없었습니다.

손가락을 잘라
결의를 다지다

안중근은 한 번의 패배에 좌절하지 않았습니다. 다시 한번 일제에 맞서기 위해 의군을 조직하려고 했지요. 하지만 일본군 포로를 석방한 지휘관에게 군자금을 대는 사람은 없었고, 처참한 패배를 당한 부대에 지원하는 병사들도 없었어요. 심지어 이 무렵 일제와의 외교 갈등을 우려한 러시아가 날카로운 눈길로 항일 세력을 감시하고 있었지요. 러시아 동포 사이에서 항일 무장투쟁에 대한 의지가 얼어붙을 수밖에 없었습니다.

그렇다면 이대로 포기해야 할까요? 안중근은 연해주 일대를 돌아다니며 다시 한번 동포들을 설득했습니다. 그리고 끝까지 포기하지 않은 결과, 가까스로 뜻을 함께하는 동료 열한 명을 모을 수 있었습니다.

열한 명의 동료들 앞에 선 안중근은 한 명, 한 명과 눈을 맞추며 입을 열었습니다.

"우리는 지금까지 아무 일도 이루지 못했습니다. 그러므로 우리 함께 손가락을 끊어 맹세합시다. 이것을 증거로 마음과 몸을 하나로 묶어 나라를 위해 목숨을 바쳐 기어이 우리 목적을 이루는 것이 어떻겠습니까?"

손가락을 잘라 굳은 결심의 뜻을 보이는 '단지斷指'를 하자는 것이었지요. 계속되는 일제의 탄압에 약해지는 마음을 다잡고 꺼져가는 항일 정신을 일깨우기 위한 결의였습니다. 안중근의 제안에 동지들은 한 명도 빠짐없이 동의했습니다. 안중근은 가장 먼저 칼을 들어 약지를 힘주어 잘랐고 열한 명의 동료도 주저 없이 그 뒤를 이었습니다.

바로 이 결의가 처절한 패배를 딛고 비장하게 일어선 '단지동맹
斷指同盟'입니다. 우리가 익히 봐온 안중근의 손바닥 도장이 떠오르
지요? 잘린 그의 왼손 넷째 손가락에서 결연한 마음과 희생정신이
느껴집니다.

안중근은 동지 한 사람 한 사람의 잘린 손가락에서 나온 피를 모
아 붓에 묻힌 뒤, 태극기에 '대한독립' 네 글자를 써넣고 동지들과
함께 외쳤습니다.

"대한 독립 만세! 대한 독립 만세! 대한 독립 만세!"

열두 명의 독립운동가들은 어떤 마음으로 하늘과 땅에 조국의
독립을 맹세했을까요. 이 맹세는 더 이상 물러날 곳이 없다는 의지
의 표현이자 일제에 맞선 전투에서 목숨을 잃은 동료들을 위해 목
숨 바쳐 독립을 이루어내겠다는 결의의 표현이었습니다.

우여곡절 끝에 단지동맹으로 새로운 항일운동의 전환점을 만
들고 항일 의지를 다진 안중근은 동료에게 한 가지 부탁을 합니다.
조국에 있는 아내와 아이들을 연해주로 데려다 달라는 부탁이었
지요. 언제 죽을지 모르는 상황에서 안중근은 마지막으로 가족들
의 얼굴을 보고 싶었던 게 아닐까요? 조국을 떠나 무장투쟁을 시
작한 지 어느덧 2년이 지난 때였습니다. 의병이 되기를 자처한 뒤
로 목숨을 아낀 적은 없었지만 이때 안중근은 이번엔 기필코 자신
의 목숨을 내던지겠노라 결심한 듯합니다.

이토 히로부미를
처단하라

안중근을 포함한 열두 명의 애국지사가 결연한 의지를 다진 후, 1909년 10월에 안중근에게 의지를 실현할 기회가 찾아옵니다. 광무황제를 협박해 을사늑약 체결을 강요한 일제 침략의 핵심 인물이자 대한제국을 통치하기 위해 설치된 통감부의 초대 통감, 이토 히로부미가 며칠 내로 하얼빈에 방문한다는 소식이 신문에 실렸어요. 안중근은 이 기회를 놓치지 않기 위해 연해주를 떠나 하얼빈

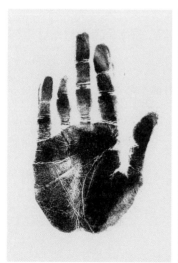 

안중근 의사 장문(좌)과 대한독립기(우) 안중근의사기념사업회 제공

이토 히로부미 조선 식민지화를 주도한 일본의 정치가. 제국주의에 의한 아시아 침략에 앞장서 대한제국에 을 사늑약을 강요했다. 이후 을사늑약의 부당함을 국제 사회에 알리기 위해 광무황제가 헤이그 특사를 파견하자 이를 빌미로 광무황제를 강제로 퇴위시켰다.

으로 이동합니다.

이토 히로부미는 왜 하얼빈으로 향했을까요? 당시 일제와 러시아의 관계 속에 답이 있습니다. 대한제국에 대한 영향력을 놓고 갈등을 벌이던 일제와 러시아는 1904년 러일전쟁으로 충돌했습니다. 그리고 이 전쟁에서 일본이 승리했지요. 이제 일제는 대한제국을 병합하고 만주이권을 협의하기 위해 러시아와 외교 협상을 하려고 했습니다. 만주 하얼빈에서 러시아 대표와 회담을 갖기로 한 인물이 일제의 거물 정치인, 이토 히로부미였던 것이지요.

더 이상 연해주에서 대규모 의병 모집과 항일 전투가 쉽지 않다는 것을 깨달은 안중근은 일제 침략의 원흉인 이토가 하얼빈에 온다는 소식을 듣고 그를 죽이기로 동지들과 결의합니다. 일본과 러시아, 두 나라 대표가 만나는 자리에서 이토 히로부미를 사살한다면 전 세계에 일제의 만행을 알리는 정치적 효과를 얻으리라 기대했지요.

10월 21일 오전 8시경 하얼빈으로 출발한 안중근, 수많은 생각과 고민이 머릿속을 스치지 않았을까요? 안중근의 계획은 위험 요소가 너무 많았습니다. 첫째, 이토 히로부미가 언제 오는지 그 일정을 정확하게 알지 못했고 둘째, 안중근은 이토의 얼굴도 제대로 알지 못했습니다.

이런 불확실한 상황에서도 안중근은 언제 찾아 올지 모르는 기회를 놓칠 바에야 자신의 목숨을 대가로 거사를 치르겠다고 다짐하며 주저하지 않고 하얼빈으로 향했습니다.

여섯 발의 총성,
울려 퍼진 대한 만세!

안중근은 10월 22일 오후 9시 무렵 수많은 생각과 걱정, 그리고 비장한 마음을 품고 목적지인 하얼빈에 도착했습니다. 우선 그는 여러 종류의 신문을 사서 읽기 시작했어요. 이토 히로부미가 하얼빈에 도착하는 정확한 날짜와 시간을 확인하기 위해서였지요. 초조한 마음으로 신문을 살핀 지 나흘이 지난 10월 26일, 마침내 운명의 날이 밝아옵니다.

낡은 양복을 입고 권총은 챙긴 안중근은 오전 7시경 하얼빈역에 도착했습니다. 잔뜩 긴장한 와중에도 이토를 환영하기 위해 모인 여느 일본인처럼 행동하며 무사히 역 안으로 들어갔어요. 그러고는 이토 히로부미를 맞이하기 위해 서 있던 러시아 의장대 뒤에 자리를 잡았습니다.

9시가 되자 이토를 태운 기차가 하얼빈역 안으로 들어왔습니다. 이제 남은 건 기차에서 내리는 이토를 저격하는 일이었지요. 열차 안에서 러시아 대표와 30여 분간 대화를 나눈 이토 히로부미가 드디어 플랫폼으로 내려섰습니다. 안중근은 침착하게 이토가 사정권에 들어오기를 기다렸습니다.

마침내 이토가 사정권에 들어온 순간! 안중근은 의장대를 뚫고 뛰쳐나가며 여섯 발의 총탄을 발사합니다. 안중근과 이토의 거리는 불과 열 걸음 남짓, 안중근의 저격은 정확히 이토를 향했습니다. 이토가 맞은 총탄 세 발 중 한 발은 팔을 뚫고 가슴에 박혔고, 나머지 두 발은 가슴과 복부를 관통했습니다.

안중근이 쏜 여섯 발 중 나머지 세 발은 이토를 비켜 간 걸까요? 아닙니다. 안중근이 여섯 발의 총탄을 쏜 이유는 따로 있었어요. 당시는 지금처럼 사진 기술이 발달하지 않아 안중근은 이토의 얼굴을 정확하게 알 수 없었습니다. 그래서 기차에서 내리는 인물 중 의복이 화려하고 신분이 높아 보이는 인물일 것이라 예상하고 총을 쐈습니다.

이토로 생각되는 세 인물에게 세 발의 총탄을 쏜 뒤 혹시라도 자기가 쏜 사람이 이토가 아닐까 봐 우려했기에 주변에 있던 사람들도 저격했던 것입니다. 그래서 나머지 세 발은 이토의 수행원 세명을 명중했지요. 또 자신을 공격한 일본군 장교 한 명에게도 부상

독립기념관 안중근 동상과 어록비 '동포에게 고함'으로 시작되는 안중근 어록비에는 '한국 독립을 회복하고 동양 평화를 유지하기 위해 십 년 동안을 해외에서 풍찬노숙하다가 목적을 도달치 못하고 이곳에서 죽노니 우리들 이천만 형제자매는 나의 끼친 뜻을 이어 자유 독립을 회복하면 유한이 없겠다'라는 간절한 외침이 적혀 있다. 대한민국역사박물관 근현대사 아카이브 제공.

을 입혔습니다.

거사를 마친 안중근은 하늘을 향해 러시아로 '대한 만세'를 의미하는 '꼬레아 우라'를 크게 외쳤습니다.

"꼬레아 우라! 꼬레아 우라! 꼬레아 우라!"

그러고는 달려드는 러시아 헌병에게 조금도 저항하지 않고 순순히 체포에 응했어요. 포승줄에 묶인 채 의연히 걸어 나갔습니다.

이토 히로부미는 피격 직후 기차 안으로 옮겨졌고, 약 30분이 지난 오전 10시경 사망했습니다. 그리고 안타깝게도 안중근은 그토록 보고 싶어 했던 아내와 아이들을 만나지 못한 채 곧바로 감옥에 갇히게 됩니다.

"나라를 위하여 헌신하는 것이 군인의 본분이다."

안중근 의사 유묵 중에서

안중근은 애초에 도망갈 생각이 없었던 듯 보입니다. 그는 이토 히로부미를 저격하고 나면 주변 경비원들에게 저격당할 확률이 높으니 현장에서 죽거나, 만에 하나 살아남는다면 재판을 받을 것이라 생각했을 것입니다. 의거 후 바로 체포되었지만 의연하고 당당하게 걸어 나감으로써 거사의 정당함을 보여주려고 하지 않았나 생각합니다.

안중근이 체포됐을 때, 그의 총에는 한 발의 총알이 남아 있었습니다. '안중근이 거사 후 자살하기 위해 남겨놓은 총알이다', '무차별 공격이 아니라 타깃이 명확했다는 증거다' 등 여러 추측이 있습니다. 왜 안중근은 한 발의 총알을 남겨두었는지, 그 답을 정확히 알 수는 없겠지요. 하지만 낯선 땅에서 목숨을 걸고 나라의 원흉을 처단한 그의 입장을 상상해 본다면 그 위대한 결의만큼은 생생하게 전해질 것입니다.

하얼빈에서 뤼순으로,
불공정 재판의 시작

이토 히로부미를 사살한 안중근의 하얼빈 의거 소식은 조국에 남아 있던 가족에게도 전해졌습니다. 불과 몇 개월 전까지 대한제국에서 황제보다도 더한 권력을 지녔던 초대 통감 이토 히로부미를 안중근이 사살했다니, 듣고도 믿을 수 없을 만큼 충격적이었을 테지요.

스물네 살, 스무 살에 불과했던 안중근의 두 동생 안정근과 안공근은 가족을 대표해 형 안중근의 옥바라지를 위해 낯선 타지로 향했습니다. 당시 안중근은 중국의 뤼순 감옥에 갇혀 있었어요. 하얼빈에서 뤼순까지는 약 900킬로미터로, 기차를 타고 무려 이틀이나 이동해야 하는 거리였습니다. 하얼빈에서 의거를 일으킨 안중근은 왜 멀고 먼 뤼순에 갇혔을까요?

의거로부터 10여 년 전으로 거슬러 올라가 보겠습니다. 중국 정부와의 비밀 조약인 러청밀약을 통해 철도 부설권을 획득한 러시아는 하얼빈 일대에 광활한 철도 부속지를 지정했습니다. 철도 부속지란, 철도 건설을 위해 철도 회사에 인도된 토지입니다. 그렇기에 하얼빈은 중국 땅이지만, 러시아 정부의 행정권이 미치는 장소였습니다.

그러니 원래대로라면 안중근은 러시아 정부의 재판을 받아야 했지요. 그런데 이런 국제 관계를 무시한 채 안중근의 신병과 재판권은 바로 일제에게 넘어갔습니다. 하얼빈역의 경비를 맡았던 러시아는 이토 사망 사건의 책임에서 자유로울 수 없었고, 최악의 경우 또 다시 일제와 전쟁이 일어날 수도 있었기에 무리하려 하지 않았습니다. 그래서 러시아가 일제의 요구에 따라 의거 당일에 안중근의 신병과 재판권을 넘겨 버린 것이었어요. 러시아는 일본과 협조적인 관계를 유지하기 위한 정치적 판단으로 움직였습니다.

그렇게 재판권을 넘겨받은 일제는 자신들이 러일전쟁 이후 차지한 중국 뤼순 지역의 감옥에 안중근을 가두었습니다. 그곳이라면 일본인 판사와 일본인 검찰, 그리고 일본인 변호인을 두고 자신들의 입맛대로 재판을 진행할 수 있었기 때문이지요. 일제가 안중

뤼순 감옥 한국어 발음으로 여순 감옥이라고도 한다. 1906~1936년 동안 11개국의 항일운동가 약 2만 여 명이 수감되었다. 안중근의사기념관 제공.

근의 재판을 두고 얼마나 치밀하고 계획적으로 움직였는지 알 수 있는 부분입니다.

전쟁 포로 대우를 주장한 의병 참모 중장 안중근

1910년 2월 7일, 뤼순 법원에서 마침내 안중근의 첫 번째 공개재판이 이루어집니다. 이 공개재판을 보기 위해 무려 500여 명의 방청객이 새벽부터 법원으로 몰려들어 북새통을 이룰 정도였어요. 사람들이 가득 들어찬 재판장 안에서 일제는 일반인의 방청과 보도를 통제하기 위해 방청객이 지켜야 할 의무 사항을 새로 만들고 가장 규모가 큰 고등법원 제1호 법정을 재판 장소로 정했습니다.

세계의 이목이 집중된 가운데, 일본인 판사는 안중근에게 왜 이토 히로부미를 사살했는지 물었고, 안중근은 거침없이 대답했습니다.

> "나는 한국 의병의 참모 중장으로서 독립전쟁을 하여 이토를 죽였고 또 참모 중장으로서 계획한 것인데, 지금 이 법원 공판장에서 심문을 받는다는 것은 잘못된 일이다."
>
> 1910년 2월 7일 1차 공판

뤼순 감옥에서의 안중근 의사 모습 하얼빈 의거로 체포된 후의 모습으로 왼쪽 가슴 이름표에 안중근의 이름이 보이며 조국의 독립을 위해 왼손 무명지를 잘라 결의를 다진 모습을 확인할 수 있다. 안중근의사기념관 제공.

안중근은 자신이 이토 히로부미를 죽인 것은 사사로운 개인 감정 때문이 아니라, 의병으로서 일제와의 독립전쟁 중에 벌어진 사건이라고 말한 것이었어요. 그러니 전쟁 중에 붙잡힌 자신은 국제법에 따라 포로로 대우받아야 한다는 주장이었지요. 안중근의 이 같은 주장에는 확실한 의도가 담겨 있었습니다. 안중근은 전 세계가 주목하는 공개재판에서 일제의 침략 행위와 대한제국의 독립 의지를 전 세계에 알리려고 했던 것입니다.

안중근이 공개재판에서 이토 히로부미와 일제를 거침없이 비판하자 당황한 일본인 재판장은 방청객을 퇴장시키고 재판을 비공개로 돌려 버립니다. 이 과정만 보아도 매우 불공정한 재판임을 알 수 있지요? 안중근이 하얼빈에서 뤼순으로 이동하게 된 것부터 부당했는데 이는 시작에 불과했습니다. 재판을 받는 사람의 가장 중요한 권리인 변호인을 선임할 권리도 무시되었지요. 안중근의 하얼빈 의거가 전 세계에 알려지면서 러시아, 영국, 스페인 등 여러 국가의 변호사가 안중근의 변론을 맡겠다며 나섰는데 일제는 이를 무시하고 일본인 변호사에게 맡겨 버립니다. 안중근에게 어떤 유리한 상황도 만들어 주지 않으려 한 것이지요.

일본인 변호사가 이토 히로부미를 죽인 안중근을 제대로 변호할 의지나 있었을까요? 그럼에도 안중근은 불공정한 재판 과정에 굴하지 않고 국제 사회에 일제의 만행을 알리기 위해 끝까지 노력했습니다.

결국 첫 번째 재판 일주일 뒤인 1910년 2월 14일, 속전속결로 안중근에게는 사형 선고가 내려집니다. 많은 사람이 밸런타인데이로만 알고 있는 2월 14일은 나라를 위해 목숨을 내던졌던 서른두 살 청년 안중근의 사형 선고일이기도 한 것이지요.

사형 선고를 받은 안중근 앞에서 두 동생 안정근과 안공근은 하염없이 눈물을 흘렸습니다. 안중근의 하얼빈 의거 소식을 듣자마자 중국 뤼순으로 건너왔던 두 동생은 안중근의 마지막 재판 이후, 형을 면회하며 통곡했다고 합니다. 그리고 어머니가 안중근에게 보낸 물건을 전했지요.

사형 선고를 받은 아들에게 어머니가 마지막으로 보낸 물건은 놀랍게도 수의였습니다. 어머니로서 그 무엇보다 아들의 목숨이 소중했겠지요. 그러나 안중근의 어머니는 나라를 위해 목숨을 내던진 아들의 대의 역시 귀하게 생각한 것입니다. 천 갈래 만 갈래 찢어지는 안중근 어머니의 고통이 가늠조차 되지 않습니다. 안중근의 어머니는 그 비통한 심정을 전하기보다 담담하게 아들의 항일 투쟁을 응원하는 길을 택합니다.

항소하지 않고
동양의 평화를 기원하다

동생들의 눈물과 어머니의 수의를 마주한 안중근은 억울한 마음이었을까요? 일제의 일방적인 재판 과정 끝에 내려진 사형 선고를 들은 안중근은 고심 끝에 뤼순 법원 최고책임자인 고등법원장에게 깜짝 놀랄 만한 요청을 합니다.

"《동양평화론》을 저술하고 싶으니 사형 집행 날짜를 한 달 남짓 늦춰줄 수 있겠는가?"

사형 집행 날짜를 미뤄 달라는 부탁이었지만 안중근이 이런 부탁을 한 것은 죽음이 두려워서도, 판결의 부당함 때문도 아니었습니다. 안중근이 원했던 건 《동양평화론》을 집필할 수 있는 시간뿐이었습니다. 이런 안중근의 요청에 일제는 "어찌 한 달 뿐이겠는가. 몇 달이 걸리더라도 특별히 허가하겠으니 걱정하지 말라"며 흔쾌히 받아들입니다. 항소를 포기하겠다면 《동양평화론》을 완성할 때까지 얼마든지 사형일을 미뤄주겠다고 약속한 것이지요.

재판 이전 안중근은 이토 히로부미를 저격한 이유 열다섯 가지를 말하면서 '동양 평화를 깨뜨린 죄'를 언급했습니다.

1. 명성왕후를 시해한 죄

2. 한국 황제를 폐위시킨 죄

3. 5조약과 7조약을 강제로 체결한 죄

4. 무고한 한국인들을 학살한 죄

5. 정권을 강제로 빼앗은 죄

6. 철도, 광산, 산림, 천택을 강제로 빼앗은 죄

7. 제일은행권 지폐를 강제로 사용한 죄

8. 군대를 해산시킨 죄

9. 교육을 방해한 죄

10. 한국인들의 외국 유학을 금지시킨 죄

11. 교과서를 압수하여 불태워 버린 죄

12. 한국인이 일본인의 보호를 받고자 한다고 세계에 거짓말을 퍼뜨린 죄

13. 현재 한국과 일본 사이에 경쟁이 쉬지 않고 살육이 끊이지 않는데, 한국이 태평무사한 것처럼 위로 천황을 속인 죄

14. 동양 평화를 깨뜨린 죄

15. 일본 천황의 아버지 태황제를 죽인 죄

일제가 대한제국의 주권을 침탈하면서 내세운 명분 중 하나가 동양 평화를 위해 조선을 보호하겠다는 것이었는데, 오히려 안중근은 일제의 침략 야욕 때문에 동양 평화가 깨졌다고 생각하고 진

《안응칠 역사》에 기술된 이토 히로부미 죄상 15개조 안중근의사기념관 제공

정한 동양 평화를 이룩하는 방법을 책으로 남기려고 한 것입니다. 그 방법은 바로 동아시아의 대한제국, 청, 일본이 서로 주권을 인정하고 '동양평화회의', 즉 일종의 평화회의기구를 설치하는 것이었습니다. 당시에는 평화라는 단어 자체가 낯선 것이었기에, 안중근의 의식이 얼마나 선진적이었는지를 알 수 있습니다.

안중근의《동양평화론》에는 대한제국만의 이익이나 일제를 향한 분노만 담겨 있지 않았습니다. 안중근이 제시한 동양 평화의 방법은 세 나라가 동등한 입장에서 노력하는 공동체 정신이었어요. 주권의 동등함을 인정하면서 각 나라가 서로 협력해 지역의 질서를 만들자는 주장은 오늘날에도 유효한 제안입니다. 일본의 역사왜곡이 제대로 해소되지 않은 가운데 미국과 중국의 세력 경쟁이 치열하게 전개되면서 동아시아의 질서가 급속히 재편되고 있는 현시점에서 그 의미가 더욱 크다고 할 수 있습니다.

> "지금 서양 세력이 동양으로 뻗쳐 오는 환난을 동양 사람이 일치단결해서 극력 방어함이 최상책이라는 것은 비록 어린아이일지라도 극히 아는 일이다. (…) 사나이가 어찌 수수방관하고 앉아서 동양 전체가 까맣게 타죽는 참상을 기다리기만 할 것이며 또한 그렇게 하는 것이 옳겠는가."
>
> 《동양평화론》

《동양평화론》은 어떻게 남아 전해졌을까요? 오늘날 확인 가능한 《동양평화론》은 일본 국립 국회도서관이 소장하고 있는 필사본입니다. 당시 일제의 모든 법원과 재판관을 통제하던 기관인 사법성의 한 일본인 관리가 안중근의 《동양평화론》을 보고 감탄한 나머지 밤새 필사했다고 알려져 있어요. 그런데 안타깝게도 이 일본인 관리가 필사한 《동양평화론》은 고작 열일곱 쪽 분량의 미완성 상태로 전해집니다.

그 이유는 《동양평화론》 집필이 끝날 때까지 사형 집행을 미뤄 주기로 했던 일제가 안중근과의 약속을 지키지 않기 때문입니다. 일제는 3월 25일로 예정됐던 안중근의 사형 집행일을 단 하루 미룬 3월 26일로 정했습니다. 결국 안중근이 혹한의 감옥에서 절박한 마음으로 써 내려간 《동양평화론》은 끝내 마무리되지 못하고 미완의 저서로 남게 되었습니다.

1910년 3월 26일,
순국의 날

비가 추적추적 내리던 1910년 3월 26일, 평소와 다름없이 새벽을 맞이한 안중근은 서늘한 감방에서 비를 바라보며 그의 어머니가 보낸 수의를 꺼내 입었습니다. 담담하게 수의로 갈아입고 형장으로 향하는 안중근은 못다 한 소임을 생각하며 끝까지 나라의 앞날을 걱정했을까요, 아니면 힘들었던 여정을 하나하나 되짚어 보며 후련했을까요. 확실한 건, 안중근은 서른둘이라는 젊은 나이에 죽음 앞에서도 평소와 같이 당당하고 의연한 모습으로 순국했다는 것입니다.

안중근은 죽기 전, 두 동생에게 유언을 남겼습니다.

> "내가 죽은 뒤에 나의 뼈를 하얼빈 공원 곁에 묻어 두었다가 우리 국권이 회복되거든 고국으로 반장返葬해다오. (…) 대한 독립의 소리가 천국에 들려오면 나는 마땅히 춤추며 만세를 부를 것이다."
>
> 안중근 유언

안중근 면회 장면 사진 안중근이 사형을 앞두고 동생들과 빌렘 신부에게 유언을 남기는 모습이다. 그는 "자유 독립을 회복하면 죽어도 한이 없다"고 말했다. 독립기념관 제공.

안중근은 자신의 시신이 바로 고국으로 돌아갈 수 없다는 것을 알았고, 자신의 시신을 하얼빈 공원 옆에 묻어 두었다가 우리나라의 국권이 회복되면 조국으로 옮겨 달라고 한 것이었어요. 대한 독립의 소리가 들려오면 천국에서도 춤을 추며 만세를 부르겠다면서 말이지요.

하지만 안중근의 유언은 지켜지지 못했습니다. 그가 순국하던 그날, 감옥 밖에서 기다리던 동생들은 형 안중근의 시신을 돌려받지 못했습니다. 가족의 의사를 묻지도 않고 일제가 마음대로 안중근의 시신을 처리해 버렸기 때문입니다. 뤼순 감옥 공동묘지 어딘가에 묻어버렸다는 말만 할 뿐이었지요. "우리 형을 두 번 죽이는 것이냐!"라며 동생들은 울부짖었지만 그 비통한 울음소리에도 일본은 끝내 안중근의 시신이 묻힌 위치를 알려주지 않았습니다.

안중근의 죽음 뒤에
숨겨진 이야기

끝까지 의연하게 죽음을 받아들였던 독립운동의 영웅 안중근의

안중근 의사 가족사진 의거 다음 날인 1909년 10월 27일, 블라디보스토크의 일본 총영사관에서 찍은 안중근 의사의 부인 김아려 여사(좌)와 아들 분도(우), 준생(가운데)의 모습이다. 안중근의사기념관 제공.

돌아오지 못한 유해 대신 남은 물건들이 있습니다. 안중근의 자서전 《안응칠 역사》와 미완의 《동양평화론》, 그리고 안중근의 가족사진입니다. 사진에는 끝내 만나지 못한 안중근의 아내와 아이들의 모습이 담겨 있습니다. 그런데 이 가족사진을 찍은 사람은 일제 경찰이었다고 하는데요. 대체 어떻게 된 일일까요?

거사 전, 안중근은 가족을 만나고 싶다고 동료에게 부탁했어요. 그러나 동료를 통해 안중근의 말을 전해 듣고 출발한 아내가 어린 두 아들을 데리고 하얼빈에 도착한 건 의거 다

음 날이었습니다. 하늘이 무심하게도 안중근의 가족 상봉은 단 하루 차이로 이뤄지지 못했어요.

의거 이후에 도착한 안중근의 가족은 하얼빈 현지의 일본 총영사관에서 조사를 받게 되었습니다. 안중근의 가족이라는 이유로 하얼빈에 도착하자마자 일제 경찰에게 붙잡혔던 것이지요. 하지만 아무것도 몰랐던 아내와 아이들에게 특별한 혐의가 있을 리 없었고, 다행히 그들은 3일 만에 풀려날 수 있었습니다. 그제야 남편 안중근의 의거 소식을 알게 된 아내가 뤼순 감옥을 찾아가 면회를 신청했지만 허가는 떨어지지 않았습니다.

일제의 만행으로 안중근 역시 아내와 아이들을 볼 수 없었고 단지 사진 한 장만을 전달받을 수 있었습니다. 사진을 전달한 이는 뤼순 감옥의 일본인 관리였어요. 안중근의 수감 생활과 재판 과정을 지켜본 그는 국적을 떠나 안중근의 기개에 감명받아 안중근 가족이 일제 경찰의 조사를 받는 과정에서 찍힌 사진을 구해다 전해준 것이었습니다. 안중근은 겨우 얻은 가족사진을 죽음 직전까지 마르고 닳도록 꺼내 봤다고 합니다.

안중근의 죽음 이후 아내와 아이들은 조국으로 돌아가지 않고 연해주에 자리를 잡았습니다. 그렇다면 조국에 남아 있던 안중근 어머니와 동생 식구들은 피해를 입지 않았을까요?

"헌병과 순사들이 매일 그 대문을 두드리고 그 출입자들을 탐문

하고 그 의사를 깨물으니 옥리가 죄수를 감시하는 것과 다름이 없었다."

송상도,《기려수필》

독립유공자 송상도가 대한제국 말기부터 광복까지 독립운동가의 사적을 기록한 책《기려수필》에서 밝힌 내용입니다. 안중근이 항일운동의 상징이 되는 바람에 일제는 안중근의 가족이 언제든 저항 세력의 구심점이 될 수 있다고 생각했습니다. 그래서 눈엣가시 같은 안중근 가족들에게 상상할 수 없을 만큼 집요한 감시와 탄압을 이어 갔습니다.

결국, 조국에서 창살 없는 감옥에 있는 것이나 다름없는 삶을 살던 안중근 어머니와 동생 식구들 역시 등 떠밀리듯 망명길에 오르게 됩니다. 조국을 떠나 향한 곳은 러시아 연해주였습니다. 연해주는 안중근의 거점 지역이었고 하얼빈 의거로 안중근에게 우호적인 분위기가 형성되어 있었습니다. 연해주에 있는 독립운동가들이 안중근 가족을 격려했지요. 그렇게 조국을 떠나 온 안중근 가족은 먼저 연해주에 머무르고 있던 안중근의 아내와 아들들을 다시 만나 함께 지내게 됩니다.

사실 일제의 감시는 해외에서도 이어졌습니다. 안중근 가족은 밀정을 피해 연해주에서 만주, 만주에서 다시 연해주로 그러다 또 상하이 등지의 중국 본토로 이주하며 살아야 했어요. 하지만 그럴

때마다 해외 한인 사회에서 안중근 가족의 정착을 위한 모금 운동을 하면서 도왔다고 합니다.

안중근의 뒤를 잇다, 독립운동가 안정근, 안공근 형제

두 명의 남동생은 마지막까지 형 안중근의 옥바라지를 했습니다. 그리고 안중근 대신 집안의 가장 노릇을 했던 차남 안정근은 1919년 가을, 돌연 중국 상하이로 향합니다. 평소 친한 형님으로 모시던 한 인물의 요청 때문이었지요. 바로 도산 안창호였습니다. 둘은 어떻게 서로 알고 있었을까요?

망명 초기, 안중근 가족이 연해주에 자리 잡을 때 안창호 선생이 그들의 정착을 도와주었고 그 인연으로 안정근과 안창호 선생은 굉장히 돈독한 사이가 되었습니다. 그 후 상하이에 대한민국 임시정부가 세워지고 주요 요직을 맡게 된 안창호 선생이 안정근에게 도움을 요청한 것입니다. 이때 안정근도 본격적으로 독립운동에 투신하게 됩니다. 상하이 임시정부 의원으로 활동한 안정근은 임시정부의 북간도 특파원으로 선발돼 북간도 지역 독립운동 단체의 통합에 나섰으며 홍범도와 김좌진 장군이 활약했던 청산리전투에 참전하기도 했습니다.

막내 안공근의 활약도 형들 못지않았습니다. 안공근을 감시하던 일제 경찰이 남긴 글에 안공근은 이렇게 평가돼 있습니다.

"안공근은 김구의 참모로서 그의 신임이 가장 두텁고 김구가 범한 불령 행동은 안공근의 보좌에 의해서 이뤄진다."

안정근이 안창호의 최측근이었다면, 안공근은 임시정부의 주석 김구의 오른팔이었던 것입니다. 그런데 김구가 범한 불령 행동은 무엇을 말하는 걸까요? 바로 일제에 반하는 행동을 의미합니다. 안공근은 일제의 주요 인물을 암살하거나 게릴라전 같은 특수 작전을 벌이는 비밀 결사 조직, '한인애국단'의 일원이었어요. 한인애국단의 대표적인 인물로는 도쿄에서 일왕에게 수류탄을 던지고 순국한 이봉창, 상하이 홍커우공원에서 일본군 침략 부대의 수뇌부와 외교관에게 수류탄을 던지고 순국한 윤봉길이 있습니다.

이봉창과 윤봉길이 순국하기 전 거사를 선언하며 찍은 사진 또한 안공근과 관련이 있습니다. 두 사진 모두 안공근의 집에서 남긴 사진이라고 합니다. 보안이 중요한 이런 결의 장면을 안공근 집에서 촬영했던 걸 보면 그가 한인애국단에서 얼마나 중요한 직책을 맡고 있었는지 짐작할 수 있지요?

안중근 가족의 이야기는 여기서 끝이 아닙니다. 안중근의 동생들뿐 아니라 어머니와 아내, 그리고 사촌에 조카까지, 안중근 집안 전체가 독립운동을 펼쳤습니다. 안중근 집안에서 무려 열다섯 명이 건국훈장을 받았을 정도입니다. 나라에 충성하는 무인 집안의 가풍, 새로운 세상을 접하게 만든 천주교의 영향, 그리고 무엇보다 안중근의 순국이 가족의 의식을 깨우는 데 큰 자극이 되었던 걸까요? 그야말로 우리나라에서 제일가는 독립운동 명문가라 할 수 있습니다.

하지만 안중근 집안의 영광 뒤에는 우리가 알아야만 하는 안타까운 사실도 있습니다. 안중근이 순국한 지 100여 년, 광복한 지는 70여 년이 훌쩍 지났지만 안중근의 유언은 지금까지도 지켜지지 못하고 있습니다. 안중근의 유해를 봉환하기 위한 국가적인 노력이 계속되고 있지만 여전히 유해가 어디 있는지조차 찾지 못했기

효창공원 안중근 가묘 1946년 서울 효창공원에 만들어진 안중근의 가묘. 안중근 의사의 유해가 봉환되면 모셔질 자리로 마련되었다. 대한민국역사박물관 근현대사아카이브 제공.

때문이지요.

더 안타까운 사실은 상하이에서 병사한 안정근과 독립운동을 하다가 의문의 실종으로 사라진 안공근의 유해 역시 어디 묻혀 있는지 모른다는 것입니다. 나라를 지키기 위해, 독립을 위해 목숨을 아끼지 않았던 안중근 형제 모두 고국으로 돌아오지 못한 채 여전히 이국땅에 머물고 있습니다.

이토 히로부미를 저격한 안중근의 하얼빈 의거는 모든 독립운동의 모범이 되는 위대한 의거였습니다. 그리고 안중근의 의거는 물심양면으로 그를 지지했던 가족들이 있기에 가능했지요. 영웅 안중근이라는 찬란히 빛나는 이름 뒤에, 우리가 미처 들여다보지 못했던 안중근 가족의 파란만장했던 삶도 기억하는 시간을 가졌으면 합니다.

> "이로움을 보았을 때는 의로운지에 대해 생각하고 위태로움을 당했을 때는 목숨을 바쳐라."
>
> 안중근 의사 유묵 중에서

용기란 무엇일까요? 아무런 두려움 없이 달려나가는 힘일까요? 아닙니다. 두려움이 가득한 상태에서도 그것을 극복하는 힘, 그것이 용기입니다. 안중근 의사를 한마디로 표현한다면 바로 '용기'가 아닐까 싶습니다.

우리가 만난 인간 안중근은 자신이 사랑하는 모든 것과 이별해야 한다는 두려움을 극복하며 용기를 드러냈고, 오늘날까지도 독립운동의 영웅으로 기억되고 있습니다. 일제강점기라는 암흑의 시기에 빛나는 용기로 일제에 저항한 안중근 가족과 같은 수많은 독립운동가 덕분에 지금의 우리가 있다는 사실을 자랑스럽게 여기고, 가슴에 깊이 새겨야 할 것입니다.

6장

멀거멋은 총사령관

신주백(성공회대학교 열림교양대학 교수)

사냥꾼 홍범도의 총은
왜 일본군을 향했나

대한민국에서 5,000킬로미터나 떨어진 중앙아시아 북부에 위치한 카자흐스탄에는 우리나라의 한 장군을 기리기 위해 그의 이름을 딴 거리와 동상, 추모공원이 있습니다. 머나먼 이국땅에서 이런 대접을 받을 정도면 평범한 인물은 아닐 것이라는 생각이 드는데요. 이 인물은 바로 우리가 익히 알고 있는 홍범도 장군입니다. 항일 무장투쟁을 이끈 독립군의 대장이자 봉오동전투를 승리로 이끈 주역으로 널리 알려져 있지요.

그런데 사실, 홍범도 장군은 처음부터 독립운동에 뜻이 있지는 않았습니다. 그의 원래 직업은 호랑이도 때려잡는 조선말 최고의 사냥꾼이었지요. 사냥꾼이었던 홍범도의 총은 어떻게 해서 일본군을 향하게 되었을까요? 또 오늘날 카자흐스탄에서는 대체 왜 홍범도 장군을 기리는 것일까요? 잘 알려지지 않은, 홍범도 장군의 곡절 많은 인생 이야기를 지금부터 벗겨보겠습니다.

군인이 된 머슴의 아들, 불의에 저항하다

1868년 10월 12일, 평양의 한 가정집에서 한 아이가 우렁찬 울음소리를 내며 태어났습니다. 바로 홍범도입니다. 그런데 홍범도는 태어나자마자 커다란 위기를 맞닥뜨리고 맙니다. 홍범도가 태어난 지 7일밖에 되지 않았을 때 어머니가 출산 후유증으로 숨을 거둔 것이었어요. 머슴이었던 홍범도의 아버지는 갓난아이를 품에 안고 아이가 있는 집을 이리저리 찾아다니며 젖동냥으로 홍범도를 키웠습니다.

> "모친은 칠일 만에 죽고 아버지 품에서 여러분의 유즙을 얻어먹고 자랐다."
>
> 《홍범도 일지》

홍범도가 아홉 살이 되던 해, 하늘이 무심하게도 아버지마저 세상을 떠나고 맙니다. 혈혈단신이 된 어린 홍범도는 아버지처럼 머슴살이를 하면서 스스로 생계를 책임져야 했지요.

그러던 어느 날, 평탄치 않은 삶을 살아가던 홍범도에게 한 줄기 희망 같은 소식이 들려옵니다. 평양 관청에서 군인을 모집한다는 것이었지요. 머슴보다는 군인의 삶이 더 나을 것이라고 생각한 홍범도는 군대에 입대하기 위해 바로 길을 나섰습니다.

당시 홍범도를 가로막은 장벽이 하나 있었는데요, 나이가 문제였어요. 군 입대가 가능한 나이는 17살이었고 홍범도는 15살이었습니다. 나이가 어려

극동민족대회 참석 당시 홍범도 장군의 모습 1922년 1월 21일부터 2월 2일까지 러시아 모스크바 크렘린궁에서 열린 극동민족대회에 조선대표단 일원으로 참석한 모습이다. 오른쪽 허리춤에는 권총집으로 추정되는 것을 착용하고 있다. 사진 하단에는 러시아어로 홍범도의 이름이 적혀 있다. 홍범도장군기념사업회 제공.

입대가 어려운 상황이었지요. 이대로 포기할 수 없다고 생각한 홍범도는 나이를 속여서 평양 소속 조선군에 들어갔습니다. 이때 홍범도의 군 입대 결정은 애국심 때문이 아닌 생계를 위한 선택이라 할 수 있지요.

과연 홍범도의 군대 생활은 어땠을까요? 홍범도는 사격과 제식 훈련에 뛰어난 실력을 보였습니다. 그야말로 군대 체질이었지요.

당시 조선 조정에서는 평양의 병력 일부를 차출해 수도 한양의 치안과 관청 경비를 맡겼고, 이때 홍범도는 실력 면에서 눈에 띄는 병사였기 때문에 한양에서 파견 근무까지 하게 되었습니다.

그런데 사실 홍범도가 눈에 띌 수밖에 없었던 이유가 한 가지 또 있었습니다. 바로 남다른 신체 조건이었어요. 홍범도의 키는 무려 190센티미터 정도였습니다. 지금도 큰 키인데 당시 조선 남성의 평균 키가 약 160센티미터였던 것을 감안하면 매우 거대한 체격의 소유자였지요.

그런데 군대에 잘 적응해서 지내던 홍범도가 군 생활에 회의를 느끼기 시작합니다. 군 장교들의 가혹 행위가 있었고 농민 봉기 진압과 가난한 백성의 세금 징수에 군인들이 투입되기 때문이었어요. 홍범도는 백성을 억압하는 데 일조하는 군대의 부조리에 괴로움을 느꼈습니다.

그러던 어느 날, 한 사건 때문에 홍범도는 더는 군 생활을 이어 나갈 수 없게 됩니다. 과연 무슨 일이었을까요? 홍범도가 병사들을 괴롭히는 장교를 때려눕힌 것이었어요. 그야말로 군대는 발칵 뒤집혔지요. 머슴 출신 홍범도가 양반 신분의 장교를 때린 것이니 홍범도의 하극상은 매우 심각한 문제로 불거질 수밖에 없었습니다. 군대에 있으면 무거운 처벌을 피할 수 없는 상황이었어요. 결국 홍범도는 4년간의 군 생활을 뒤로하고 군대 밖으로 도망쳤습니다.

그렇게 도망친 홍범도는 제지소에서 일하기 시작했습니다. 제지소에서 일을 시작한 지 3년이 지난 어느 날, 제지소를 뒤흔든 사건이 일어났어요. 이번에도 홍범도가 제지소 주인을 때려눕힌 거예요. 오갈 데 없는 홍범도의 사정을 알고 있는 제지소 주인이 말썽 없이 열심히 일한 홍범도를 3년간 괴롭히며 임금도 제대로 주지 않았던 것입니다. 결국 홍범도는 계속되는 부당한 대우를 참지 못하고 들고 일어선 것이었어요. 조선총독부에서 홍범도에 관해 서술한 기록 중에는 '홍범도의 성격은 호걸의 기풍이 있다'라는 평가가 있을 정도로 그는 도덕적이고 정의감이 있는 불같은 성격을 지니고 있었습니다.

　스물두 살의 홍범도는 군대에 이어 제지소도 떠날 수밖에 없었

강원도 고성 신계사 대웅전 금강산에 위치한 신계사는 임진왜란 때 전쟁에 참여한 스님, 승병이 주둔한 절이다. 이곳에서 홍범도는 글을 깨우치고 임진왜란 영웅 이순신을 포함해 수많은 사람이 일본에 맞서 싸웠다는 사실도 알게 된다. 국립중앙박물관 제공.

어요. 다시 갈 곳을 잃은 홍범도는 강원도 금강산에 있는 절, 신계
사로 가서 스님에게 사정을 설명한 뒤 절에 머물면서 수도 생활을
할 수 있게 해 달라고 간청했습니다. 스님이 받아준 덕분에 홍범도
는 절에 들어가 잔심부름을 하고 글을 깨우침과 동시에 불교 경전
을 배우면서 지내게 됩니다.

호랑이를 겨누던 총구가
일제를 향하다

절에서 생활한 지도 1년 반이 되어갈 즈음, 홍범도는 절을 떠나
함경남도 북청군으로 향합니다. 절에서 만난 인근 사찰의 비구니,
단양 이 씨를 평생의 반려자로 맞
았기 때문입니다. 북청군은 아내
가 된 이 씨의 고향이었어요. 새
로운 곳에서 터전을 잡고 살아가
려면 생계를 책임질 일을 구해야
겠지요? 이때 홍범도가 선택한
직업은 바로 사냥꾼이었습니다.
산악 지대로 둘러싸인 북청군에
는 곰과 멧돼지뿐 아니라 표범과

함경남도 북청군 위치

호랑이 같은 맹수도 서식하고 있었어요. 이런 곳에서 홍범도는 총을 들고 사냥에 나서기 시작했습니다.

사냥꾼이 된 홍범도의 사냥 실력은 어땠을까요? 아니나 다를까 날랜 데다가 사격 실력까지 뛰어났던 터라 홍범도에게 사냥꾼은 딱 맞는 천직이었습니다. 이런 홍범도의 사격 실력을 묘사한 일화를 볼까요?

"땅! 총알이 병의 주둥이로 들어가서 바닥을 꿰뚫었다."

홍상표,《간도독립운동소사》

총알이 병의 좁은 입구를 지나 바닥을 뚫을 정도로 뛰어난 사격 실력을 가졌음을 알려 주는 기록입니다. 조금의 과장이 섞였을 수는 있지만 던져 올린 동전을 정확히 조준했다거나 총알로 바늘귀를 뚫었다는 이야기가 있을 정도로 범상치 않은 실력을 지니고 있었던 것은 확실해 보입니다.

홍범도는 호랑이 잡는 사냥꾼으로 불리며 유명해졌습니다. 포수들은 너나 할 것 없이 홍범도와 조를 이뤄 사냥에 나가고 싶어 했어요. 그리고 얼마 후, 홍범도는 북청군 일대의 대표 사냥꾼이 되어 포수들의 대장 역할도 맡게 되었습니다. 뛰어난 사냥꾼이자 한 집안의 가장인 홍범도는 이제 먹고사는 걱정하지 않고 가족의 생계를 책임질 수 있었습니다.

그런 홍범도의 평온했던 일상을 위협하는 위기가 찾아왔습니다. 1907년, 광무황제를 강제로 폐위시키고 대한제국 군대를 강제로 해산시킨 일제의 만행에 분노해 전국 각지에서 일본에 맞서겠다며 의병들이 일어난 것입니다. 바로 '정미의병丁未義兵'입니다. 이 정미의병과 홍범도 사이에 무슨 연관이 있었던 걸까요?

의병이 일어나자 일본은 '총포 및 화약류 단속법'을 만들어 조선인들이 가지고 있는 총과 탄약을 압수하고 이를 거부하는 사람들을 처벌했어요. 사냥꾼에게서 총을 뺏어 가는 것은 농사꾼에게 곡괭이를 뺏는 것과 같았습니다. 사냥꾼 홍범도에게는 총을 압수당하는 것 자체가 생계에 위협이 되는 일이었지요. 이제 일본은 홍범도에게 가족의 생계를 위협하는 '적'이었습니다.

정미의병 의병부대의 모습 평민과 천민의병장이 대거 등장했으며 농민과 상인 등 전 계층이 동참함으로써 정미의병은 전면항일전의 성격을 띠게 되었다.

사냥꾼 홍범도, 과연 순순히 총을 내줬을까요? 화가 난 홍범도는 이렇게 말했습니다.

　"총을 빼앗겨 굶어 죽느니, 놈들과 싸웁시다!"

　총을 압수당하기 전에 북청군 일대에 있는 일본군을 공격하기로 결심한 것입니다. 홍범도는 동료 포수들을 설득했고 자신과 함께할 70여 명의 사람들을 모아 산포수 의병부대를 조직했어요. 호랑이에게 겨누던 총구를 일본군에게 돌린 순간입니다.

　그해 11월 중순, 마침내 홍범도는 부대를 이끌고 함경남도 북청군과 풍산군 사이에 있는 높이 약 1,335미터의 험준한 고개 '후치령'으로 향했습니다. 후치령은 북청군에서 내륙으로 향하는 교통상 요지로 일본군이 자주 출몰하는 길목이었어요. 홍범도는 이곳에서 일본군을 공격하기로 계획을 세웠습니다.

　"탕! 탕! 탕!" 세 번의 총소리가 산을 울렸습니다. 그러고는 일본군 두 명과 순사 한 명이 쓰러졌어요. 홍범도가 이끄는 의병부대가 매복해 있다가 지나가는 일본군을 향해 사격을 가한 것입니다. 적을 기습적으로 공격하는 게릴라 전술을 사용하는 홍범도 의병부대의 공격에 일본군은 저항 한

함경남도 북청군 후치령을 표시한 지도

번 하지 못한 채 모두 사살되었습니다. 사살된 일본군은 조선 포수들의 총을 빼앗아서 돌아가던 길이었어요. 홍범도 의병부대는 동료 포수들의 총을 되찾았을 뿐 아니라 일본군의 신식 무기와 장비까지 챙겨 무장을 강화할 수 있었습니다. 이후로도 홍범도 의병부대는 후치령을 지나는 일본군 소탕에 성공합니다.

그러나 승리의 기쁨을 만끽할 새도 없이, 홍범도는 의병부대의 전열을 가다듬어야만 했습니다. 홍범도 의병부대의 존재를 알게 된 일본군 수비대 60여 명이 후치령으로 다가오고 있었기 때문입니다. 홍범도 의병부대는 처음으로 신식 무기로 무장한 다수의 일본군에 맞서게 된 것이었어요. 정찰병을 통해 일본군 출격 소식을 전해 들은 홍범도 의병부대는 후치령에 매복한 채 상황을 예의 주시하고 있었습니다.

다음 날 정오, 홍범도의 우렁찬 목소리가 울려 퍼졌습니다.

"모두 사격하라!"

일본군 수비대가 의병들의 매복 지점 근처에 나타나자 홍범도가 선제 사격을 가했습니다. 그렇게 시작된 후치령 전투는 세 시간 동안 격전을 이어갔습니다. 홍범도 의병부대, 과연 승리를 거두었을까요?

마침내 홍범도 의병부대와 싸우던 일본군이 후치령을 벗어나 달아나기 시작했습니다. 산악 지형에 익숙해 민첩하게 움직이는 산포수 의병들을 일본군은 당해낼 수 없었어요. 결국 30여 명 사상

자가 나온 일본군은 후치령에서 도망치고 말았지요. 홍범도 의병부대의 완벽한 승리였습니다.

여러 번의 승리를 경험하며 홍범도는 일본군을 상대로 싸워볼 만하다고 생각하지 않았을까요? 이때 그의 자신감을 더해준 일도 일어납니다. 홍범도 의병부대의 승리 소식을 들은 포수와 농민, 해산된 군인들이 홍범도를 찾아와 의병으로 합류한 것입니다. 70여 명이 전부였던 홍범도 의병부대는 어느새 300여 명으로 늘어나 함경도 일대에서 상당한 전력을 갖춘 부대로 성장합니다.

이후 홍범도 의병부대는 함경도 지역에서 약 1년 동안 일본군을 상대로 전투를 벌이고 승리하며 연전연승 신화를 써 내려갑니다. 단 한 번도 지지 않고 60전 60승의 성과를 이루었지요. 정말 놀랍지 않나요? 당시 일본군은 홍범도를 '날으는 홍범도'라고 불렀습니다. 동에 번쩍, 서에 번쩍하며 일본군에 타격을 입히는 홍범도를 두려워하며 붙인 별명이었어요.

일제의 손에
가족을 잃다

홍범도가 산포수 의병부대를 이끌며 연전연승 신화를 써 내려가던 때, 그의 삶을 송두리째 뒤흔든 사건이 일어나고 맙니다. 일제가 홍범도의 아내와 두 아들을 납치한 것입니다. 일제는 홍범도의 아내에게 홍범도가 일제에 투항한다면 죄를 묻지 않고 일왕이 벼슬을 내릴 것이라면서 홍범도를 회유하는 편지를 쓰도록 강요했어요. 만약 편지를 쓰지 않으면 아내와 아들을 죽이고 그 시체로 어육을 만들겠다는 협박도 했습니다.

잔혹한 일본군의 협박에 홍범도의 아내는 어떻게 대응했을까요? 놀랍게도 어떤 고문과 회유, 협박에도 넘어가지 않고 완강히 거부하며 버텼습니다. 그러다 마지막에는 자신의 혀를 깨물어 스스로 아무런 말도 할 수 없게 하기까지 했어요. 일제는 홍범도 아내의 건강이 위태로워지자 책임을 지기 싫어 석방합니다. 풀려난 지 얼마 지나지 않아 홍범도의 아내는 고문 후유증으로 숨을 거두고 맙니다. 이 소식을 들은 홍범도의 심경이 어땠을지 상상조차 하기 어렵습니다. 가슴이 찢어지는 슬픔과 일제를 향한 참을 수 없는 분노가 치솟았을 테지요.

그런데 곧이어 홍범도를 더욱 분노하게 만드는 일이 생깁니다. 이번에는 일제가 큰아들 홍양순을 내세워 홍범도를 회유하려고 한 것입니다. 결국 홍양순은 투항을 요구하는 편지를 들고 아버지를 찾아가게 됩니다. 귀순 청원 편지를 들고 자신을 찾아온 아들에게 홍범도는 어떻게 했을까요?

"이놈아, 네가 이전까지는 내 자식이었지만, 일본 감옥에 갇혀 있더니 그놈들의 말을 듣고 나에게 해를 주고자 한다. 너부터 쏴 죽여야겠다.!"

백발백중 명사수 홍범도의 총구가 이번에는 아들을 향했습니다.

"탕!"

총소리에 놀라 홍범도가 있는 곳으로 들어온 의병부대 대원은 깜짝 놀라고 말았습니다. 홍양순의 귓불이 바닥에 떨어져 있었기 때문이었지요. 이 같은 아버지의 행동에 충격받은 홍양순은 곧바로 홍범도의 뜻이 대단하다는 것도 깨달았습니다. 아버지 홍범도는 아들을 죽이려고 했던 것이 아니라 자신의 의지를 아들에게 분명히 보여주어야 한다고 판단했을 것입니다. 아들에게 총구를 겨누며 일제의 회유를 거부한 홍범도의 참혹한 심정은 차마 짐작하기도 어렵습니다.

이때 이후로 홍양순은 홍범도와 함께 항일 무장투쟁에 동참했습니다. 그런데 얼마 후, 아들 홍양순이 일본과의 전투에서 목숨을 잃고 맙니다. 불과 몇 개월 만에 연달아 아내와 아들을 일제의 손에 잃고 만 것이었지요.

"그때 양순은 중대장이었다. 5월 18일 12시에 내 아들 양순이 죽었다."

《홍범도 일지》

생계를 위해 의병 활동을 시작한 홍범도는 가족이 희생되는 과정을 겪으며 일본을 같은 하늘을 이고 살 수 없는 원수로 여기게 됩니다. 비로소 민족의식을 키워나가게 된 것이지요. 자신이 겪은 비극이 의병 동료, 나아가 우리 민족 전체가 겪게 될 아픔이라고 생각하면서 의병 활동에 더욱 몰두했어요. 비극적인 가족의 희생을 사적인 복수심으로 해소하지 않고 항일 정신을 끌어올리는 계기로 삼은 것이었지요.

이 무렵, 홍범도는 더 이상 일제에 대항해 싸우기가 어려운 상황에 맞닥뜨립니다. 일제가 총과 탄약을 모조리 압수하면서 의병 탄압에 열을 올렸거든요. 이러지도 저러지도 못하게 된 홍범도는 조국을 떠나기로 결심합니다. 아내와 아들을 잃은 그해에 홍범도는 조선 땅을 떠나 압록강을 건넌 뒤 한반도 북부와 만주를 거쳐 인접한 러시아 연해주로 향합니다.

하지만 연해주에서도 의병 활동은 쉽게 이루어지지 않았어요. 러일전쟁에서 패배한 러시아가 일본과의 외교 마찰을 피하려고 항일 무장세력을 철저히 감시했기 때문입니다. 게다가 때는 1910년이었습니다. 조국이 일본에 국권을 빼앗겼다는 소식이 들려왔지요. 한일합병조약을 맺어 대한제국이 일본에게 합병된 '경술국치'가 일어난 것이었습니다.

홍범도는 일본이 장악하고 있는 조선으로 돌아갈 수도 없고 그렇다고 러시아에서의 의병 활동도 여의치 않은 상황에 놓였어요. 사냥꾼 출신 홍범도, 호랑이를 사냥하던 때처럼 몸을 낮추고 기회가 올 때까지 기다리기로 합니다. 연해주와 만주를 오가며 동지들을 만나 군자금을 벌어들이고, 농사를 지어 생계를 이어나갔습니다.

다시 일제를 향해
총구를 겨누다

그로부터 약 10년이 흐른 1919년, 때를 기다리던 홍범도에게 기회가 찾아옵니다. 조선에서 대한 독립을 요구하는 의병과 열사들이 일으킨 거족적인 독립만세운동, '3·1운동'이 일어난 것이지요. 국내에서 이런 저항의 바람이 불자 연해주와 만주에 있는 의병들도 일제에 맞서 무장투쟁을 하겠다며 일어서기 시작했습니다. 이 기회를 놓치지 않고 나중에 대한민국 임시정부의 초대 국무총리가 되는 이동휘와 손을 잡으며 독립전쟁을 향한 큰 그림을 그립니다. 우선 홍범도는 연해주에 모여든 의병들을 군대 조직으로 재편해 대한독립군을 창설했습니다. 그리고 북간도에 도착해 이 글을 선포했어요.

> "당당한 독립군으로 몸을 포연탄우 중에 던져 반만년 역사를 광영케 하며 국토를 회복하여 자손만대에 행복을 주는 것이 우리 독립군의 목적이오, 또한 민족을 위하는 본의라."
>
> 〈대한독립군 유고문〉

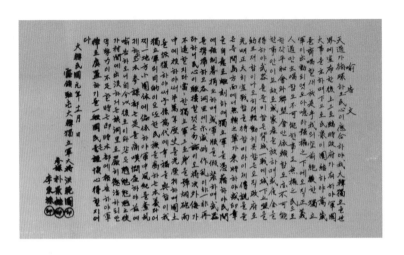

〈대한독립군 유고문〉 글의 마지막에는 '대한독립군 대장 홍범도'가 적혀 있다. 독립기념관
제공.

　총포의 연기 속 비 오듯 떨어지는 탄알에 몸을 던져서 싸워, 민
족과 후손에게 행복을 안기겠다는 다짐이었지요. 이때 홍범도의
나이, 51세였습니다. 쉰이 넘은 나이에 그동안 준비한 모든 자원을
총동원해 벼르고 별렀던 일제와의 전투를 위해 최전선에 나선 것
입니다. 10년의 기다림 끝에 그의 총구가 다시 일제를 향했습니다.

　그렇게 홍범도는 본격적인 독립전쟁을 위해 대한독립군 300여
명을 이끌고 연해주를 떠나 간도로 향했습니다. 간도는 압록강과
두만강을 국경으로 둔 중국 땅 만주 지역 일부를 말합니다. 홍범
도의 대한독립군은 북간도에 자리를 잡았어요. 왜 하필 북간도였
을까요? 당시 북간도에는 많은 조선인이 살고 있었습니다. 북간도

전체 인구 중 무려 75퍼센트에 해당하는 25만 명이 조선인이었지요. 일본의 직접통치 아래 있는 '식민지 조선'이 아닌 북간도는 식량과 병력 보급에 있어서도 여러 도움을 받기 좋은 장소였습니다.

또 북간도에는 광복단, 의군단, 북로군정서 등 수많은 독립군 단체가 만들어지고 있었습니다. 홍범도는 한 가지 비범한 생각을 떠올렸지요.

'독립군에게는 하나의 큰 군대가 필요하다.'

홍범도는 통일된 하나의 큰 군대를 만들기 위해 북간도 지역에 있는 독립운동 단체들을 연합하고자 힘썼고, 마침내 6개 독립운동 단체 주요 간부들과 협력을 약속하게 됩니다. 그렇게 700여 명 규모의 독립군 연합부대, '대한북로독군부'가 만들어졌지요.

홍범도가 총지휘를 맡은 대한북로독군부는 두만강에서 12킬로미터 떨어진, 북간도의 봉오동에 자리를 잡았습니다. 마치 삿갓을 뒤집어 놓은 것 같은 모양의 봉오동은 들어가는 입구가 하나이면서 산으로 둘러싸여 있었어요. 군대를 모으기 좋은 데다가 외부의 공격을 방어하기 쉬운 최적의 요새였지요. 봉오동에 모여든 700여

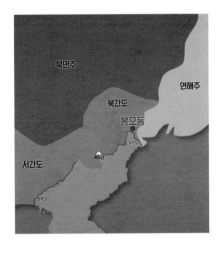

북간도 봉오동의 위치

명의 연합 독립군은 가장 먼저 중국과 조선의 국경을 지키는 함경
북도 지역의 일본군 소대를 격파하기로 합니다.

사실, 홍범도는 연합 독립군을 결성하기 전부터 이미 함경북도
에서 7개월간 수차례 게릴라 작전을 펼치며 일본군에 피해를 주고
있었습니다. 일본군도 가만히 있지 않았겠지요? 화가 머리끝까지
난 일본군 부대, '월강추격대대'가 홍범도가 이끄는 독립군을 쫓아
왔습니다.

300여 명으로 이루어진 일본의 정예부대는 북간도에 있는 우리
독립군을 소탕하겠다며 중국에 아무런 사전 통고도 하지 않고 두
만강을 건너왔습니다. 통고 없이 중국 땅으로 넘어가다니, 큰일 날
일 아닌가요? 명백한 침략이자 주권 침해였지만 독립군을 얕본 일
본군은 신속하게 해치우고 돌아갈 수 있다고 생각했지요. 심지어
이건 일본군 지휘부, 즉 중앙의 지시가 아닌 함경도 현지 부대의
판단이었습니다.

또다시 격돌한
독립군과 일본군

1920년 6월 7일 새벽 6시경, 연합 독립군은 봉오동 입구로 진입
하는 일본군을 목격하고는 몇 발의 사격을 시도한 뒤 부리나케 도

망가기 시작합니다. 일본군은 독립군의 뒤를 바짝 쫓기 시작했지요. 독립군은 일본의 막강한 정예부대에게 겁을 먹기라도 한 것일까요? 그렇게 일본군이 독립군을 쫓아 봉오동 깊은 골짜기 한가운데로 들어선 순간, 홍범도가 독립군 대원들에게 외칩니다.

"전군 사격하라!"

도망가는 줄 알았던 독립군, 사실은 일본군을 유인하고 있었던 것입니다. 봉오동 골짜기 위에서 일본군을 포위한 독립군은 일본군을 향해 무차별 사격을 시작했고, 포위된 일본군 월강추격대대는 사방에서 날아드는 총탄에 혼비백산했어요. 일본군은 가까스로 정신을 차리고 도망치려고 시도하면서 기관총으로 견제 사격

봉오동전투 기록화 홍범도장군기념사업회 제공

정도만 할 뿐이었습니다.

오후 4시 20분경, 총격전이 계속된 봉오동에서 이상한 일이 일어납니다. 갑자기 어두워지면서 천둥 번개가 치더니 비와 우박이 거세게 쏟아져 내리기 시작한 것입니다. 일본군은 이때다 싶어 소강상태를 틈타 재빨리 도망치기 시작했고요. 그런데 정신없이 도망치던 일본군 앞에 상상하지 못한 무리가 나타났습니다.

"독립군이다! 독립군이 매복해 있다!"

일본군은 갑자기 나타난 이들을 향해 총을 쏘기 시작했습니다. 독립군이 일본군의 도주로를 예상하고 기다리고 있었던 걸까요? 놀랍게도 일본군이 사격한 대상은 독립군이 아니었습니다. 당시 두 방향으로 나눠 도망치던 일본군이 다른 길로 후퇴해 온 일본군을 마주치고는 독립군으로 착각해 공격하기 시작한 것이었어요. 워낙 급히 도망치고 있었던 데다가 폭우가 내렸고 나무가 우거진 숲속에 있어 적과 아군을 구별하기 어려웠기 때문입니다. 북간도의 독립군 정도는 단번에 소탕하겠다며 큰소리쳤던 월강추격대대가 홍범도의 유인과 매복 전략에 완전히 당한 것입니다.

곧이어 우리 독립군이 일본군을 상대로 봉오동에서 크게 이겼다는 승전보가 국내외 조선인들에게 날아들었습니다.

"독립군 승첩! 봉오동에서 적을 대파"

〈독립신문〉 1920년 6월 22일

이 당시 〈독립신문〉에는 '적군의 사망자 157명, 중상자 200여명, 경상자 100여 명이요. 아군의 사망자 장교 1인, 병사 3인, 중상자 2인이며 적은 패잔군을 수습하여 다음 날에 도강하여 우리 국내로 패퇴하다'라는 소식이 실렸어요. '대파'라고 표현할 만한 전적이었습니다.

쉰이 넘은 나이에도 연합 독립군을 지휘하며 봉오동전투를 승리로 이끈 홍범도의 명성은 다시 한번 드높아졌습니다. 명실공히 독립군의 영웅으로 우뚝 서게 되었지요.

봉오동에서 참패를 당한 일본군은 4개월 뒤, 장총에 기관총, 대포까지 무장한 채 홍범도와 독립군이 있는 북간도를 향해 진격했습니다. 이때 동원된 일본군은 무려 2만여 명이었습니다. 이번에는 현지 부대가 아닌 중앙 정부에서 작정하고 독립군뿐 아니라 조선인을 모두 쓸어 버리겠다며 총공세를 펼치려고 했지요.

일본의 총공세에 맞선 홍범도의 전략은 무엇이었을까요? 바로 독립군의 근거지를 봉오동에서 한반도와 조금 더 가까운 백두산으로 옮기는 것이었습니다.

"백두산은 우리에게 아주 익숙한 지역이다. 조국 땅과 더 가까이 가서 조선인들로부터 도움을 받으며 전투를 준비하자!"

오히려 국경 지대로 가서 제대로 싸우려고 한 것이지요. 홍범도는 자신과 의견을 같이하는 독립군을 이끌고 백두산으로 향했습니다. 이를 알아차린 일본군도 홍범도 부대를 추격했어요. 쫓고 쫓기는 상황에서, 홍범도가 우렁차게 외쳤습니다.

"모두 여기서 멈춰라!"

가능한 한 빨리 일본군을 따돌려야 하는 상황에서 왜 멈춰선 걸까요? 홍범도는 일본군에게 따라잡혀 이동 중에 전투가 시작되면 독립군에게 불리할 것이라고 생각했습니다. 홍범도 부대가 멈춰선 이곳, 바로 '청산리'였습니다. 청산리 하면 청산리전투와 김좌진 장군을 떠올리게 되지요? '홍범도 하면 봉오동, 김좌진 하면 청산리' 이렇게 배운 덕분일 겁니다. 청산리에서 김좌진 못지않게 홍범도도 활약했다는 사실은 잘 모르는 분들이 많을 거예요.

그런데 청산리에 멈춰선 홍범도 부대는 절체절명 위기를 맞았어요. 청산리는 북쪽 산악 지대라 10월에도 이미 한겨울이나 마찬가지였습니다. 당시 홍범도와 독립군이 가진 겨울옷이라고는 솜바지 하나, 짚신 하나였지요.

"청산리 일대가 '은세계'로 바뀌어 군사행동이 곤란할 정도였다."

홍상표, 《간도독립운동소사》

이처럼 말도 안 되는 악조건과 압도적인 병력 차이에도 아랑곳하지 않고 홍범도 부대는 매복하기 좋은 장소를 찾아 산 정상으로 올라갔습니다.

1920년 10월 21일 오후, 청산리의 한 산을 두고 두 무리로 나뉜 일본군이 각각 산의 남쪽과 북쪽에서 기어 오르기 시작했습니다. 산 정상에 있는 홍범대 부대를 노리고 양쪽에서 포위망을 좁혀 온 것이지요. 정상에 도착한 일본군, 무차별 총격을 가했습니다.

"사격 개시! 독립군을 소탕하라!"

그런데 갑자기 독립군이 아닌 일본군이 하나둘 쓰러지기 시작했습니다. 어떻게 된 일일까요? 이미 홍범도 부대는 산 정상으로 이동하는 척하면서 산기슭을 통해 몰래 산을 빠져나간 상태였어요. 이 사실을 몰랐던 일본군은 정상에서 마주친 아군을 홍범도 부대로 착각하고 서로에게 총구를 겨눈 것입니다. 일본군의 봉오동전투 오인 사격이 그들이 정신없이 후퇴하는 과정에서 이뤄진 것이었다면 이번 오인 사격은 철저히 홍범도가 놓은 덫에 걸려든 결과였지요. 이 싸움을 완루구전투라고 부릅니다. 청산리 독립투쟁 중 하나로, 전투가 이도구 완루구에서 벌어져 붙여진 이름입니다.

또다시 전투를 승리로 이끈 홍범도는 한숨 돌릴 새도 없이 또 다른 전투에 뛰어들게 됩니다. 바로 김좌진이 이끄는 전투였지요. 청산리 일대 다른 곳에서 김좌진 부대 역시 일본군과의 전투를 이어가고 있었습니다. 완루구전투 다음 날, 홍범도 부대가 또 다른 매복 장소를 찾아 이동하던 중 일본군에 맞서 싸우고 있는 김좌진 부대를 목격하고 돕기로 한 것입니다. 홍범도 부대는 전투에 한창인 일본군 뒤로 은밀하게 접근했고, 곧이어 맹사격을 퍼부었습니다.

"또 다른 독립군 부대다! 협공이다!"

전열이 흐트러진 일본군 부대는 해가 지고 어두워지면서 후퇴하기 시작했고 결국 이 전투 역시 일본군의 패배로 막을 내립니다. 청산리 어랑촌 일대에서 두 독립 영웅 홍범도와 김좌진이 협력해 승리한 이 싸움을 어랑촌전투라고 부릅니다. 청산리 일대에서 6일 동안 10여 번의 전투가 일어났고 독립군은 10전 10승, 완승을 기록했습니다. 이 10여 번의 전투를 통틀어 '청산리전투'라고 해요.

청산리전투에서 잊어서는 안 될 승리의 주역들이 있습니다. 이 당시 〈독립신문〉에는 '해당 지방에 있는 부인들은 애국하는 일편의 적성으로 음식을 준비하여 가지고 위험을 무릅쓰고 탄우가 분분한 전선에 용진하여 전투에 피로한 군인들을 공상하며 위로했다'라는 글이 실렸습니다. 청산리에서 전투를 치르는 독립군을 위해 간도의 조선 여인들이 총알이 빗발치는 전투 현장에 음식을 해 날랐다는 것입니다.

자진해서 독립군을 도운 사람들은 더 있었어요. 무기 조달에 힘쓴 사람, 식량과 옷을 보탠 사람, 독립군에게는 일본군 동향을 알리고 일본군에게는 거짓 정보를 흘린 사람, 군용 전화선을 끊어 일본군 소통을 늦춘 사람이 있었지요. 물심양면으로 독립군을 도

김좌진 장군 한국민족문화대백과사전 제공

운 수많은 영웅 덕분에 독립군이 청산리전투에서 빛나는 승리를 연이어 거둘 수 있었던 것입니다.

간도참변 후
러시아로 향하다

연달아 거둔 큰 승리에 조선인들은 나라를 곧 되찾을 수 있지 않을까 생각하며 희망에 부풀었을 거예요. 그런데 얼마 지나지 않아 참담한 일이 벌어지고 맙니다. 북간도의 독립군을 섬멸하겠다는 계획이 무산된 일본군이 그들의 칼날을 북간도의 조선 민간인을 향해 돌렸어요. 당시 북간도에 동원된 2만 여명의 일본군이 조선인을 학살하고 있었는데요. 청산리전투에서 패배한 이후에는 독립군을 향한 복수심이 더해져 학살이 절정에 달했습니다.

일본군은 간도의 마을을 습격해 남자들을 한자리에 모아 총칼로 죽였으며 부녀자들을 겁탈하고 살해했습니다. 심지어 습격했던 마을을 다시 찾아가 유족들을 모아 놓고 무덤을 파헤쳐 시체를 한데 모으라고 강요하는 잔혹함을 내보였지요. 일본군은 시체에 석유를 붓고 불을 질러 재가 될 때까지 태워 버렸고 이렇게 조선인 수천 명이 학살당했습니다. 우리 민족사에 기록된 비극적인 사건, '간도참변'입니다.

"이미 죽여 버린 시체를 촌인을 시켜 한곳에 모아놓고 불을 질러 재로 만들어 버렸다."

선교사 푸트의 수기

이렇게 잔인하게 조선인들을 학살한 데는 봉오동전투와 청산리 전투에서 연달아 패배한 이후로 작용한 보복 심리뿐 아니라 독립 운동 세력이 다시 일어서지 못하도록 기반을 무너뜨리려는 의도 가 담겨 있었어요. 당시 일본군은 신으로 여긴 천황에게만 충성하 고 사람의 목숨은 경시했기에 죄책감을 느끼지도 않았지요. 명백 한 계획에 따라 이뤄진 집단 학살, '제노사이드'였습니다.

일본군이 초토화한 북간도 소식을 들은 홍범도는 당장이라도 북간도로 달려가 일본군에 맞서 싸우고 싶었을 것입니다. 그러나 홍범도 부대의 대원들은 너무나 지쳐 있었고 탄약과 무기도 부족 했습니다. 독립군의 근거지 북간도의 기반을 잃은 상황에서 홍범 도는 새로운 길을 모색하기 위해 러시아 모스크바로 향했습니다.

왜 러시아행을 결정했을까요? 당시 러시아는 일본군이 개입한 내전을 치르고 있었어요. 홍범도는 일본군과 싸우는 러시아에 힘 을 보태면 러시아로부터 부족한 무기, 굶주림 상황을 해결할 원조 를 받을 수 있을 것이라고 기대했지요. 그리고 러시아 내전에 참전 해 일본군과 싸우고 있던 독립군과 연합해 더 강력한 독립군 부대 를 만들어 새로운 독립전쟁을 벌일 생각도 있었습니다. 그러나 러시아는 홍범도와 독립군을 지원하지 않았습니다. 심지어 이곳에서 독립군은 분열하고 흩어지기까지 하지요.

모든 것을 잃은 홍범도는 포기하지 않고 소련이 된 러시아에 남아 얼마 남지 않은 독립군과 함께 농업협동조합을 만들었습니다. 농사를 지어 생활을 안정시키면서 군자금을 모으려고 한 것입니다. 이는 러시아 조선인 사회의 정신적 지주로서 스스로 자기 역할을 찾아 나선 것이었습니다.

시간이 흐르면서 홍범도는 러시아에 정착해야만 하는 현실을 깨달았을 거예요. 그는 일제가 지배하고 있는 조선으로도, 독립운동 기반이 없는 북간도로도 돌아갈 수 없는 처지였습니다. 이때 홍범도가 선택한 방법, 바로 '소련 공산당 입당'이었습니다. 홍범도는 소련 공산당 당원이 되면 신변이 보호되고 동포들도 더 잘 지켜낼 수 있을 것이라 판단했어요. 사회주의 체제로 탈바꿈하면서 체계가 잡히지 않아 어지러운 소련에서 소수민족인 한인을 억압하고 음해하는 사건이 종종 있었던 때라, 홍범도가 한인들의 보호막 역할을 자처한 것이었습니다.

그렇게 러시아에서 지낸 지 어느덧 16년이라는 세월이 흘렀을 때, 홍범도에게 청천벽력 같은 소식이 들려옵니다.

"고려인들은 모두 짐을 싸서 기차에 탑승하시오!"

고려인은 러시아를 비롯한 구소련 국가에 살면서 러시아를 모국어로 사용한 한민족 동포를 말하는데요, 소련에 살던 고려인들에게 강제 이주 명령이 떨어진 것입니다. 대체 왜 이런 명령이 내려진 것일까요? 그 이유는 황당하게도 '고려인이 일본인과 닮아서'였습니다. 1937년 일제가 중국을 도발하며 시작한 침략 전쟁 상황에서 자신들도 일제에 공격받을 것을 염려한 소련은 그에 대비하겠다고 나섰습니다. 그 일환으로 일본인과 닮은 고려인 중에 일본 첩자가 있을 수 있다는 이유를 내세우며 고려인을 강제로 소련에서 먼 곳으로 보내 버렸어요.

10년 넘게 일군 삶의 터전을 떠나 어디로 가는지도 알 수 없는 기차에 탄 고려인은 17만여 명으로, 그중에는 홍범도도 있었습니다. 러시아 블라디보스토크에서 출발한 기차가 무려 40여 일을 달려 도착한 곳, 그곳은 바로 앞서 홍범도 장군을 기리는 거리와 공원이 있다고 한 카자흐스탄이었습니다.

강제 이주를 당한 지 6년이 지난 어느 날, 카자흐스탄 고려인 신문에 홍범도의 소식이 실립니다.

"홍범도 동무를 곡하노라. 홍범도 동무는 여러 달 동안 숙환으로 집에서 신음하시다가 그만 75세를 일기로 하시고 1943년 10월 25일에 세상을 떠나시었다."

광복을 2년 남긴 1943년, 일제가 패망하는 모습을 미처 보지 못한 채 홍범도는 이역만리 카자흐스탄에서 파란만장했던 생을 마감합니다. 홍범도는 죽기 전, 한 가지 유언을 남겼다고 합니다.

"내가 죽고 우리나라가 해방된다면 꼭 나를 조국에 데려다 주시오."

홍범도의 간절한 염원은 실현되었을까요? 다행히도 2021년 8월 15일, 홍범도가 사망한 지 78년 만에 유해가 고국으로 돌아와 국립대전현충원에 무사히 안장되었습니다.

홍범도는 〈대한독립군 유고문〉에서 '자손만대에 행복을 주는 것이 우리 독립군의 목적'이라고 밝혔습니다. 그 자손이 바로 우리지요. 나라를 지키고 되찾기 위해 나라를 떠나 떠돌 수밖에 없었던 홍범도 장군과 수많은 독립운동가의 노고 덕분에 오늘날 우리는 낯선 땅이 아닌 우리나라에서 잘 살아갈 수 있다는 사실을 깨닫습니다. 이름 하나 남기지 못한 이들을 포함해 수많은 독립 영웅으로부터 '자주독립국에 사는 행복'이라는 선물을 받은 우리는 역사에 무임승차하지 않고 당당히 살아갈 방법을 고민해야 할 것입니다.

7장

멀리떳은
청년 독립투사

조건(동북아역사재단 한일역사문제연구소 연구위원)

조선인 이봉창은 어떻게
일왕에게 폭탄을 던졌나

1932년 1월 8일, 일본 도쿄 중심가에 수많은 사람이 긴장 속에 가득 모여 있었습니다. 이곳에서 일본인들을 두려움에 떨게 한 충격적인 사건이 벌어졌기 때문이지요. 한 조선인 청년이 일본에서 살아 있는 신이라 추앙받던 일왕을 향해 폭탄을 던진 사건이었습니다.

사건이 벌어진 장소는 일본 도쿄 경시청 바로 앞이자 일왕이 거주하고 있는 궁 바로 맞은편이라 더욱 충격을 주었습니다. 도대체 누가 삼엄한 경비를 뚫고 일본 제국주의의 상징인 일왕을 살해하려고 했을까요? 바로 이봉창입니다. 그가 일왕 히로히토가 탄 마차에 수류탄을 던졌지요.

이봉창 의사

이 사건이 일어나기 얼마 전, 일왕 암살이라는 거사를 앞두고 있던 이봉창을 찾아온 김구는 동지를 홀로 보낸다고 생각하니 걱정되고 안타까운 마음에 어두운 표정을 짓고 있었습니다. 김구를 향해 이봉창은 밝게 웃으며 이렇게 말했습니다.

"영원한 쾌락을 향유코자 이 길을 떠나는 터이니, 기쁜 얼굴로 사진을 찍으십시다."

이봉창은 누구와도 금방 친해지는 탁월한 친화력의 소유자였습니다. 밝고 쾌활한 성격의 청년이었지요. 그런 그가 처음부터 독립운동에 뜻을 품었던 것은 아닙니다. 오히려 자신을 '신일본인'이라 여기며 '식민지 조선'에 잘 적응해 나가려 애썼지요.

의거 당시 서른둘이던 청년 이봉창은 어떻게 일본에 오게 되었을까요? 또 어떻게 도쿄 한복판에서 거사를 계획하고 실행했을까요? 평범한 청년 이봉창이 일제의 심장부 도쿄에서 폭탄을 던지기까지 어떤 일이 있었는지 그 파란만장한 이야기를 낱낱이 벗겨보겠습니다.

용산의 신흥 부잣집에서
태어나다

1901년 8월 10일, 이봉창은 지금의 서울 용산구 효창동에서 태어났습니다. 이봉창의 아버지는 건축업과 운송업을 발판으로 큰돈을 번 신흥 부자였어요. 근방에서는 이름만 들어도 알 만큼 부잣집 아들이었던 것이지요. 지금의 초등학교에 해당하는 소학교도 다녔는데 학교에서도 특별한 관심을 받았다고 해요. 남달리 넉넉한 집안 환경 덕에 친구들은 물론, 선생님도 이봉창을 특별하게 대했습니다.

> "내가 7~8세 때는 소를 5~6마리 두어 제법 유복한 생활을 하고 있었습니다."
>
> 제5회 신문조서 2월 9일

이봉창이 열 살이 되던 1910년 8월 22일, 일제는 대한제국을 강압해 한일병합조약을 체결시켰습니다. 조약이 체결되고 단 일주일 만에 대한제국은 일본에 국권을 빼앗기고 일본의 식민지가 되고 말았지요. 앞서 살펴본 경술국치라 부르는 사건입니다. 학생들은 한국의 역사가 아닌 일본의 역사를 배우게 됐고 한국어가 아닌 일본어를 배워야 했습니다. 어린 소년 이봉창도 식민지가 된 조국의 현실을 두 눈으로 똑똑히 목격하게 됩니다.

경술국치는 이봉창의 집안에도 엄청난 타격을 주었습니다. 갑자기 이봉창의 아버지가 쓰러지며 가세가 기울기 시작한 때에 엎친 데 덮친 격으로, 이봉창 집안이 소유하고 있던 집과 땅마저 대부분 잃어버리게 되었습니다. 한마디로 집안이 풍비박산 난 것이지요. 이 모든 게 경술국치와 무슨 관련이 있는 걸까요?

한일강제병합 이후 식민 통치의 경제 기반을 마련하기 위해 일본은 대대적인 토지 조사 사업을 벌였습니다. 일본은 땅 주인에게 토지소유권을 나눠주겠다며 집집마다 가진 땅을 신고하라고 했습니다. 그 내막에는 일본이 조선의 토지를 샅샅이 조사한 다음, 조선의 토지를 근대식으로 정비하겠다는 명목으로 조선인들에게 세금을 거두려는 의도가 있었어요. 그런데 이 토지 조사 사업에는 문제가 있었습니다. 토지 신고에 필요한 문서를 작성하는 방법이 너무 어려워서 신고하러 갔다가 포기하는 사람들이 생겨날 정도였다는 겁니다.

이봉창의 집안도 신고를 포기해서 땅을 빼앗기게 된 것이었을까요? 그렇지 않았어요. 이봉창 집안이 땅을 빼앗긴 데는 또 다른 이유가 있었습니다. 어느 날 한 일본인이 토지 신고를 도와주겠다며 이봉창의 아버지에게 접근해 왔습니다. 이봉창의 아버지는 그 말을 믿고 집문서를 몽땅 맡겨 버렸지요. 아니나 다를까 그 일본인은 사기꾼이었고 집문서를 담보로 은행에서 돈을 빌린 후 도망가

버리고 말았습니다. 결국, 용산의 이름난 부자였던 이봉창의 집안은 모든 걸 잃고 순식간에 빈털터리가 되어 산동네로 이사 가야 했습니다.

일본인 가게에서 일하며
가족을 부양한 식민지 청년

막대한 재산을 잃고 생계까지 막막해진 상황에서 열다섯 살이 된 이봉창은 큰 결심을 하게 됩니다. 상급 학교 진학을 포기하고 돈을 벌기로 한 것이지요. 이봉창은 가족을 먹여 살리기 위해 일본인이 운영하던 과자점에 취직합니다. 경술국치 이후 용산 일대에는 대규모 일본군이 주둔하면서 이 지역에 일본인 집단 주거지와 상권이 들어섰습니다. 점차 일본인들의 영역도 넓어졌지요. 이봉창의 집에서 멀지 않은 곳에서도 일본인들이 조선인들의 거주지와 상권을 잠식하고 있었으니 이봉창이 일본인 가게에서 일하게된 건 어쩌면 자연스러운 일이었어요.

이봉창은 과자점에서 2년 정도 일한 다음, 약국으로 일자리를 옮겼습니다. 일을 하면서 깜짝 놀랄 만한 특기도 하나 생겼습니다. 이봉창이 스스로 조선인이라고 밝히지 않으면 일본인으로 착각할 정도로 완벽한 일본어를 구사할 수 있게 된 것입니다.

이봉창은 다른 능력 또한 유감없이 발휘합니다. 그건 바로 누구와도 금세 친해질 수 있었던 친화력이었지요. 내세울 학벌도, 기술도 없던 이봉창은 수준급의 일본어 실력과 특유의 사교성을 무기로 성실하게 일하며 가족을 부양했습니다.

어느덧 이봉창이 열아홉 살 청년이 된 1919년, 그해 3월 1일에 만세 운동이 일어났습니다. 서울에서 시작된 3·1운동은 전국으로 퍼졌고, 목이 터져라 외치는 만세 물결은 국내를 넘어 해외까지 이어졌습니다. 많은 사람이 3·1운동에 참여했지만, 이봉창은 생계를 꾸리느라 만세 시위에 나서지 못했습니다. 일본인 가게에서 일하며 생계를 유지하고 있었으니 더욱 쉽지 않은 입장이었지요. 세상사에 눈 돌릴 틈도 없이 이봉창은 하루하루를 버티며 가족의 생계를 위해 일에 매진했습니다.

몇 개월이 지난 그해 여름, 한 일본인이 이봉창에게 솔깃한 제안을 건넸습니다. 약국보다 더 많은 돈을 벌 수 있는 곳이 있다며 용산역의 기차 연결수 일을 해 보라고 한 것입니다. 기차의 차량과 차량 사이를 이어주는 일을 하는 자리였지요.

이 제안을 들은 이봉창은 곰곰이 생각합니다. 이봉창이 약국에서 받는 급여는 숙식을 포함해 13~14원 정도였고 용산역에서 기차 연결수로 일하면 40~48원 정도를 받을 수 있었습니다. 약국에서 일할 때보다 무려 세 배나 더 벌 수 있었지요. 1920년대 사범학교를 나온 조선인 교사가 47원 정도의 급여를 받았고, 1922년에 조선인 출신 순사의 사택료, 수당 등을 뺀 급여가 35~40원 정도였거든요. 기차 연결수의 급여는 부양할 가족이 있던 이봉창이 혹할 수밖에 없는 조건이었습니다.

기차 연결수는 왜 이렇게 월급이 많았을까요? 당연하게도 생명을 걸어야 하는 위험한 일이었기 때문입니다. 기차가 오가는 선로 사이를 수시로 왔다 갔다 하며 일했고 작은 실수만 해도 기차 바퀴에 깔려 중상을 입거나 목숨을 잃는 일도 있었어요. 이봉창은 기꺼이 위험을 감수하고 철도국 시험을 치른 뒤 당당히 용산역 기차 연

일제강점기 용산역의 모습 용산 역사는 용산 일대에 대규모 일본군 병영지가 조성되던 시기에 맞춰서 1906년 11월에 목조 3층 건물로 완공되었다가 화재로 소실되어 재건축하였다. 서울역사아카이브 제공.

결수로 취직했습니다. 그리고 어느덧, 다른 사람들에게 기차 연결수 일을 가르쳐줄 정도로 능숙해졌지요.

그런데 성실하게 일하던 이봉창도 점차 회사에 불만을 품을 수밖에 없었어요. 회사에서 승진도 시켜주지 않고 부당할 정도로 많은 일을 몰아줬거든요. 심지어 이봉창이 일을 가르쳤던 후임을 먼저 승진시켜 이봉창은 후배 밑에서 일하는 처지가 됩니다.

우리도 짐작할 수 있듯, 승진한 사람들에게는 공통된 특징이 있었습니다. 바로 일본인이었던 것입니다. 이봉창은 조선인이란 이유로 차별을 받았습니다. 허탈감에 휩싸인 이봉창은 의외로 이렇게 생각합니다.

'일본인으로 태어났으면 차별받지 않고 살아갔을 텐데, 불행히 조선인으로 태어나서 어쩔 수 없구나.'

새로운 희망을 찾아 오사카로

이봉창은 부당한 대우를 받았지만 더욱 열심히 일했습니다. 더 노력한다면 능력을 인정받을 수 있을 것이라 믿으면서요. 하지만 바뀌는 건 없었고 차별 대우는 계속되었습니다. 이봉창은 바뀌지 않는 현실에서 식민지 조선인의 한계를 깨닫습니다. 이봉창은 답답한 현실에서 도피하기 위해 자포자기의 심정으로 유흥에 빠지기까지 합니다. 그리고 눈 깜짝할 사이에 큰 빚을 지게 되지요.

당장 빚을 갚을 돈이 필요했던 이봉창은 퇴직금을 받기 위해 용산역의 기차 연결수 일을 그만둬 버립니다. 그리고는 1년 반 동안 안정적인 직업을 갖지 못했습니다. 하수 청소, 야간 경비, 공공사업 노역 등 다양한 일을 전전했지만 이런 일로는 가족의 생계를 이어갈 수 없었습니다.

세월이 흘러 1925년 11월, 이봉창은 인생을 완전히 바꿀 결심을 합니다. 생활고에서 벗어나기 위해 일본에서 일자리를 찾겠다는 결심이었지요. 당시 조선인 사이에서는 오히려 일본에서 민족 차별이 없다는 소문이 퍼져 있었습니다.

이봉창은 기차 연결수로 일하면서 겪었던 차별을 떠올리면서 일본에 가면 정당하게 대우받을 수 있겠다고 생각했던 걸까요? 많은 물자를 수탈당한 조선은 극심한 청년 실업으로 학교를 나와도 취업이 어려울 만큼 일자리가 없었습니다. 그런데 일본 내 기업들은 조선인에게 높은 임금과 좋은 대우를 해주겠다며 광고를 해댔습니다. 물론 허위 광고가 많았지요. 그러나 당시 이봉창을 비롯한 많은 조선인이 마치 아메리칸 드림처럼 일본에서 돈을 벌겠다는 희망을 품고 일본으로 떠났습니다.

일본에 가기 위해서는 체류 비용과 신분 증명이 필요했습니다. 최소한의 체류 비용뿐만 아니라, 믿을 만한 일본인이 신분을 보증해 줘야 일본으로 갈 수 있었지요. 3·1 운동 이후 독립운동이 거세지면서 독립운동가가 일본으로 입국할까 봐 경계했던 일본이 조선인의 일본행을 더욱 엄격히 관리한 것입니다. 당시 일제는 조선인 독립운동가들을 '불령선인', 즉 불온하고 불량한 조선 사람이라 부르며 탄압하고 있었습니다.

삼엄한 분위기가 만연한 가운데, 과연 이봉창은 일본에 갈 수 있었을까요? 이봉창은 1년이 넘도록 변변찮은 직업을 찾지 못했고 빚만 늘어가는 상황이었습니다. 그러나 사교성이 좋았던 이봉창은 용산역에서 함께 일했던 일본인 동료가 돈을 빌려주고 신분도 보증해 준 덕분에 일본으로 떠날 수 있었습니다.

덕분에 스물다섯 청년 이봉창은 1925년 11월, 일본 오사카의 쓰루하시에 도착합니다. 쓰루하시는 재일 조선인의 이야기를 담은 이민진 작가의 소설 《파친코》의 배경이기도 한 곳으로, 1920년대부터 본격적으로 오사카에 넘어간 조선인들이 모여 살던 곳이에요. 지금도 한인타운이 유지되고 있지요.

돈을 벌기 위해 일본으로 건너온 이봉창은 도착한 지 사흘이 되던 날부터 오사카 지리도 모른 채 무작정 직업소개소를 찾아다닙니다. 하지만 번번이 조선인이라는 이유로 퇴짜를 맞아요. 그러던 중 자신에게 딱 맞는 모집 공고를 발견합니다. 바로 오사카 근처 고베시 철도우편국에서 직원을 모집한다는 공고였어요.

이봉창은 용산역에서 오랫동안 일한 경험이 있었기 때문에 호적등본과 신원증명서를 준비해서 자신 있게 지원했습니다. 하지만 이번에도 조선인이라는 이유로 거절당하고 말았습니다. 서류를 보기 전까지 이봉창은 일본인과 분간하기 어려웠지만 서류에는 조선 출신이란 게 적혀 있으니 채용하지 않은 것이지요. 이봉창은 소문과는 다른 일본의 현실에 좌절감을 느낍니다.

생계를 위해
기노시타 쇼조가 되다

몇 개월 후 이봉창은 오사카의 가스 회사에 번듯하게 취직합니다. 그런데 그가 회사에 제출한 서류에 적힌 이름은 '기노시타 쇼조木下昌藏'였어요. 오사카 가스 회사 계약직 직원으로 취직하면서 회사 경리과 직원이 부르기 편하게 일본 이름을 달라고 하자 '기노시타 쇼조'라는 이름을 지었던 것이지요. 이때 이봉창은 조선인 신분을 숨기려는 것도, 조선인임을 포기한 것도 아니었습니다. 당시 조선인 중에는 편의상 일본식 이름을 가지는 이들이 꽤 있었거든요.

일본에서 살아가기 위해 일본식 이름까지 가지게 된 이봉창은 점점 안정적인 생활을 하게 되었습니다. 오사카의 간사이 공업학교 야학부에 입학해 생계 때문에 그만둬야 했던 공부도 다시 시작했어요. 그렇게 오사카에서 주경야독하며 일본 생활에 적응해갔습니다. 그런데 오사카 생활에 익숙해질 때쯤, 일을 그만둘 수밖에 없는 위기가 닥칩니다. 낯선 타지에서 낮에는 힘들게 일하고, 밤에는 공부를 이어간 탓에 영양실조의 일종인 각기병에 걸려 버린 것이지요. 휴직과 복직을 오가던 이봉창은 어렵게 취직한 회사와 학업까지 모두 그만둬야 했습니다.

다음 해, 기운을 회복한 스물여덟 살의 이봉창은 새로운 일을 시작했고 자신의 인생에서 가장 많은 임금을 받게 됩니다. 바로 부두에서 석탄을 나르는 현장 일용직이었습니다. 당시 오사카에서 조선인 최하층 노동자의 일당은 1엔도 되지 않았지만 이봉창은 3엔 50센씩 받았습니다. 이는 다른 조선인보다 서너 배나 많은 일당이었지요.

이봉창은 신이 나서 더 열심히 일했지만 기쁨은 이내 실망으로 바뀝니다. 3엔 50센이던 일당이 2엔 70센, 곧이어 2엔 50센으로 뚝뚝 떨어졌기 때문입니다. 영문을 알 수 없었던 이봉창은 작업장 선배에게 그 이유를 물었습니다. 이때 선배로부터 당황스러운 말을 듣습니다.

"처음에는 일본 사람으로 알고 일본인에게 주는 임금으로 주었으나 네가 조선인임을 알았기 때문에 조선인에게 주는 임금으로 내렸다."

이봉창이 조선인이란 걸 알고 난 후, 계속해서 임금을 깎았던 것이지요. 취직에 이어 임금에서도 조선인이란 이유로 차별을 받아야 했습니다. 계속된 차별 대우에 일본을 원망하지 않았을까요? 놀랍게도 이봉창은 오히려 자신이 완벽한 일본인이 되지 못했기 때문이라며 자책하게 됩니다.

> "내가 조선인임을 생각하지 않고 보통 사람처럼 얼굴을 내미는 것이 잘못이다. (…) 나도 일본인임에 틀림없을 터이다. 신일본인 이다."
>
> 〈상신서〉

이는 이봉창이 오사카에서 구직 활동을 할 때 생각한 것입니다. 1910년 한일강제병합 이후, 일본과 조선은 한 나라가 됐고 이봉창은 조선인으로 태어났지만 자신을 식민지 땅의 새로운 일본인, 즉 '신일본인'이라고 생각하고 있었어요. 이봉창은 일본이 조선을 식민지화하기 위해 했던 '일본과 조선은 하나'라는 말을 철석같이 믿었습니다. 말과 행동이 다른 일본의 모순을 납득할 수 없었지요. 그러면서 더욱 일본인처럼 생각하고 행동해야겠다는 다짐을 하게 됩니다.

이봉창이 한 생각은 당시 생계와도 관련이 있었어요. 차별받지 않고 살아남기 위한 방법을 고민한 끝에 내린 결론으로 보아야 할 것입니다. 당시 조선인들이 마주한 여러 한계 상황, 그리고 그 상황 속에서 가졌을 비참한 심정과 함께 이해해야겠지요.

유치장에 갇힌 뒤
다짐한 새로운 삶

그러던 중, 이봉창의 마음을 들뜨게 하는 소식이 들립니다. 교토에서 엄청나게 큰 행사가 열린다는 것이었지요. 그것은 새로운 일왕 히로히토의 즉위식이었습니다. 이 소식을 들은 이봉창은 교토에 가기로 결심합니다. 오사카에서 교토로 가려면 기차표, 숙박비 등 여비가 필요했는데 주머니 사정이 좋지 않았던 이봉창은 돈을 빌려서라도 꼭 즉위식을 보러 가기로 결심합니다. 왜 이렇게까지 일왕의 즉위식을 봐야 한다고 생각했을까요?

이봉창은 스스로 완전한 일본인이 되지 못했기 때문에 차별받는다고 자책했고, 완전한 일본인이 되려면 일본인과 같은 것을 보고 같은 생각을 해야 한다고 생각했던 듯합니다. 일본 국민으로서 도리를 다하기 위해 일왕의 즉위식을 보러 가려 한 것이지요. 이봉창에게 이는 완벽한 일본인이 되기 위한 중요한 통과 의례나 다름없었습니다.

> "일한 합병 후 신일본인이 되어 천황 폐하의 옥안을 뵌 적도 없다. 그 나라 국왕의 옥안도 뵌 적이 없는 것은 참으로 부끄러운 일이다."
>
> 〈상신서〉

이봉창은 오사카에서 친하게 지낸 조선인 친구, 일본인 친구와 의기투합해 즉위식을 보러 갑니다. 이들은 즉위식이 열리기 3일 전에 서둘러 교토에 도착합니다. 전국 곳곳에서 즉위식을 보러 온 사람들이 진을 치고 있었고 좋은 자리를 놓치지 않기 위해 일찍 도착한 것이었지요. 그런데 참관석에 자리를 잡은 세 사람에게 일본 경찰이 다가와 검문을 요청합니다. 두 친구의 검문이 먼저 끝나고 이봉창의 차례가 다가왔을 때, 이봉창의 주머니에는 면도칼과 수건, 그리고 편지 한 통이 있었습니다. 그런데 이 소지품을 본 경찰은 이봉창을 연행해 버립니다. 이게 무슨 일일까요?

혹시 면도칼을 가지고 있는 게 문제였을까요? 아닙니다. 그가 가지고 있던 한글로 된 편지 때문이었습니다. 이봉창이 갖고 있던 편지에는 단순히 고향 친구가 안부를 묻는 내용이 적혀 있었습니다. 그런데도 편지에 한글이 적혀 있다는 이유만으로 이봉창을 체포한 것입니다. 이때에도 이봉창은 문제가 있는 내용도 아니니 금세 풀려날 것이라 생각해 경찰에게 간곡하게 부탁합니다.

"폐하의 옥안을 뵐 수 있게 조사를 빨리 끝내주십시오."

이봉창의 머릿속엔 오로지 일왕의 즉위식을 볼 생각뿐이었습니다. 하지만 그의 바람은 끝내 이뤄지지 않습니다. 이봉창은 즉위식 날까지도 유치장에서 나올 수 없었지요. 11월 7일에 체포된 이봉창은 11월 15일에나 풀려납니다.

이 당시 일본 경찰은 즉위식을 앞두고 전국에서 1만 4,000명, 교토에서만 6,000명을 단속할 계획을 세웠습니다. 3·1운동 이후 조선인을 비롯한 이른바 '불순한 자'들을 사전에 검거해 혹시 모를 사태를 예방하기 위해서였지요. 이봉창은 특별한 혐의 없이 그저 한글로 쓰인 편지를 가졌다는 이유만으로 9일 동안 구금되었어요.

유치장에서 풀려난 이봉창은 어떤 기분이었을까요? 일부러 돈까지 빌려서 교토에 왔는데, 일왕의 즉위식은 보지도 못하고 유치장에만 갇혀서 오랜 시간을 보냈으니 실망감이 컸을 겁니다. 이후 이봉창은 오사카로 돌아왔지만 사람들은 이봉창을 보며 수군거렸습니다. 경찰에 잡힌 데는 무슨 이유가 있는 게 아니냐며 의심의 눈길을 보내는 것이었어요. 아무리 자초지종을 설명해도 사람들의 냉대는 계속됐습니다.

오사카 직업소개소에서의 퇴짜를 시작으로, 부두 노동자로 일하면서 겪은 임금 문제, 교토에서의 불공정한 억압까지! 차별당하지 않기 위해 낯선 일본 땅까지 왔지만 조선인 이봉창의 삶은 일본에서도 녹록지 않았습니다.

이때부터 이봉창은 이전과 다른 삶을 살기로 다짐합니다.

"나는 조선인이라는 것이 남에게 알려지는 것이 두려워 조선에는 편지도 보내지 않았으며 본명도 밝히지 않고 언제나 일본 이름을 쓰면서 어디에 가든 진짜 일본인 행세를 했습니다."

〈상신서〉

이봉창은 조선인이란 사실을 철저히 숨기고 더욱 열심히 일본인 행세를 합니다. 알고 지내던 조선인은 물론, 가족과도 연락을 끊었습니다. 그리고 비누 가게에 취직해서 새 출발을 합니다. 이때부터 이봉창은 조선인이란 걸 들키지 않기 위해 절대 조선말을 쓰지 않았습니다. 가게에서 일하거나 배달할 때도 절대 조선말을 하지 않아 가게 주인조차 이봉창이 조선인이란 걸 몰랐을 정도였습니다.

일본인 행세는 관두고 조선인으로 살겠다!

그러던 어느 날, 이봉창의 인생이 통째로 바뀌는 사건이 벌어집니다. 이봉창이 일하는 비누 가게에 한 조선인 여인이 들어오지도 못하고 입구에서 서성이고 있었지요. 그러자 일본인 주인은 여인을 향해 크게 호통을 칩니다. 물건을 훔치려는 거냐며 여인을 몰아세운 겁니다. 일본어가 서툴렀던 여인은 주인의 호통에 우물쭈물하며 이러지도 저러지도 못하고 있었어요. 이 모든 상황을 지켜보면서도 이봉창은 아무런 행동도 하지 못합니다. 조선인으로 차별받았던 기억이 떠올라, 차마 나서지 못했지요. 그사이 주인의 호통에 놀란 여인은 발길을 돌려 가게를 나갔습니다.

이 일로 이봉창은 자신을 인정머리 없는 놈이라며 욕합니다. 그리고 완벽한 일본인으로 살겠다는 자신의 다짐을 돌아봅니다.

'이대로 일본인 행세를 한다고 과연 편하게 살 수 있을까? 조선인이 아닌 척한다고 해서 조선인이 아니게 될까?'

깊은 고뇌 끝에 드디어 이봉창은 결론을 내립니다.

> "2년 정도 일본인으로 위장하여 살아보면서 고통을 겪었기 때문에 (…) 조선인으로 생활하기로 마음먹고 있던 때라서 곧 결심하고 상하이로 갔다."
>
> 〈상신서〉

더 이상 일본인인 척하며 살기를 그만두고 떳떳하게 조선인 이봉창으로 살기로 결심한 것입니다.

이봉창은 자신이 조선인으로 떳떳하게 살기 위해서는 조국의 독립을 위해 힘써야 한다고 결론 내립니다. 사실 이봉창은 차별받을 때마다 체념하듯 순응했지만, 계속 의문을 품고 있었습니다. 결정적인 계기가 된 건, 즉위식을 보러 갔다가 유치장에 갇힌 사건과 조선인 여인을 외면한 순간이었어요. 자신이 부당한 대우를 당하는 것은 조선인으로 태어났기 때문이 아니라, 나라를 잃었기 때문이라는 사실을 비로소 깨달은 것입니다.

일본에서 갖은 고생을 했지만 결국 탈출구를 찾지 못한 이봉창은 중국 상하이로 떠나겠다고 결심합니다. 왜 다른 곳도 아닌 상하이로 떠나려 했을까요? 상하이에 특별한 단체가 있다는 소식을 들었기 때문입니다. 상하이라고 하니 무슨 단체인지 예상이 되지요? 맞아요, 바로 '대한민국 임시정부'입니다. 대한민국 임시정부는 일제의 침탈과 식민 통치를 부인하고 항일 독립운동을 주도하기 위해 설립된 대한민국의 망명정부였지요. 우리가 익히 알고 있듯이 3·1운동 직후인 1919년 4월 11일에 세워진 대한민국 임시정부는 상하이에 본거지를 두고 있었습니다.

독립운동을 위해
상하이로

이봉창은 6년 1개월의 긴 일본 생활을 정리하고 1930년 12월, 드디어 상하이에 도착했습니다. 상하이에 도착하고 며칠 후 그는 불쑥 임시정부를 찾아가 처음 만난 임시정부 직원에게 다짜고짜 말을 던집니다.

"일본에서 노동을 하다가 독립운동이 하고 싶어 상하이로 왔습니다!"

이봉창이 독립운동을 하겠다고 처음으로 선언한 일생일대의 순간입니다. 하지만 임시정부 직원은 이봉창의 말을 단칼에 거절합

大韓民國二年元月元旦
大韓民國臨時政府新年祝賀會 記念撮影

대한민국 임시정부 신년축하회 기념사진(1920년 1월 1일) 대한민국 임시정부는 1919년부터 1945
년까지 27년간 중국에서 민주공화제의 독립 국가를 건설하려는 목적으로 주권 자치를 실현했던 임시정
부이다. 백범김구선생기념사업협회 제공.

니다. 심지어 이봉창은 직원과 언성을 높이다 그만 쫓겨날 뻔했어
요. 대체 왜 임시정부 직원은 독립운동을 하겠다며 찾아온 이봉창
을 차갑게 대한 걸까요?

그렇게 행동할 수밖에 없었던 분명한 이유가 있습니다. 당시 이
봉창은 오랜 일본 생활로 한국어와 일본어를 섞어 썼고 행동까지
일본인 같았습니다. 심지어 '임시정부'를 말할 때도 일본인이 부르
는 방식대로 가짜 정부라는 뜻의 '가정부假政府'라고 불렀어요. 이
때문에 임시정부 직원은 이봉창이 일본에서 보낸 밀정이 아닐까

의심할 수밖에 없었지요.

"언어가 절반은 일어日語이고 동작이 일인日人과 비슷하여 특별히 조
사할 필요가 있었다."

김구,《백범일지》

임시정부에서 환대받지 못한 이봉창은 좌절하지 않고 다시 임
시정부를 찾아갔습니다. 그리고 자신을 의심해 쫓아내려 했던 임
시정부 직원을 만났지요. 술과 고기를 사주며 회식을 열고 그들과
친해지려 노력했습니다. 조선인으로 떳떳하게 살기 위해 상하이
를 찾아온 이봉창은 임시정부 사람들과 유대감을 나누고 자신의
진정성을 보여주고 싶었던 듯합니다.

한번은 술자리에서 거나하게 취한 이봉창이 툭 던진 한마디에
그 자리에 있던 모든 사람의 이목이 한순간에 집중됐습니다.

"당신들 독립운동을 한다면서 일왕을 왜 못 죽입니까?"

이봉창이 답답하다는 듯, 왜 일왕을 죽일 생각은 하지 못하냐고
일침을 놓은 것이지요. 그 말에 그 자리에 있던 직원 한 명이 맞받
아쳤습니다.

"일개 신하도 죽이기 힘든데 어떻게 일왕을 죽이겠소."

그러자 이봉창은 당당하게 말합니다.

"내가 작년 도쿄에 있을 때 하루는 천황이 행차한다고 행인을

포복하라고 하기에 엎드려서 생각하기를 내게 지금 폭탄이 있다면 용이하지 않겠는가 하고 생각했습니다."

이봉창은 자신의 눈앞에서 일왕의 행렬이 지나갔던 이야기를 하며 일왕이 행차할 때 폭탄을 던지면 되는 것 아니냐고 자신 있게 말합니다. 누구도 생각지 못한 일을 이봉창이 입 밖으로 꺼낸 이 때에 한 남자가 문 밖에서 이 말을 유심히 듣고 있었습니다. 그리고 그날 밤, 남자는 아무도 모르게 이봉창이 머무는 곳을 찾아갑니다.

이봉창과 김구가 계획한 비밀 거사

늦은 밤, 홀로 숙소에 있던 이봉창은 자신을 찾아온 남자를 보고 깜짝 놀랍니다. 남자는 자신을 백정선이라고 소개하는데요. 누군지 알겠나요? 사실 이 남자는 독립운동가이자 임시정부의 주석 김구였습니다. 당시 김구는 일본의 추적을 피해 여러 가명을 쓰고 있었고 그중 하나가 바로 '백정선'이었습니다. 김구 역시 일왕을 노리고 있었고 자신과 같은 생각을 한 이봉창에게 진짜 일왕을 죽일 마음이 있는지 확인하기 위해 찾아온 것이었습니다. 이봉창은 거침없는 말로 김구에게 자신의 진심을 전합니다.

"인생의 목적이 쾌락이라 하면 30년 동안 육신의 쾌락은 대강

맛보았으니, 이제는 영원 쾌락을 도모키 위하여 우리 독립 사업에 헌신할 목적으로 상하이에 왔습니다!"

남은 생을 독립운동에 바치겠다는 이봉창의 말에 김구는 북받치는 감정을 참지 못하고 눈물을 흘렸습니다. 이 한마디로 이봉창에 대한 김구의 의심은 모두 사라졌지요. 마음을 확인한 두 사람은 결의를 다지며 세상을 뒤집을 거대한 계획을 세우고 실행하기에 돌입합니다.

그 와중에 이봉창이 수상한 행동을 보인다는 말이 들려오기 시작합니다. 이봉창이 조선인이 모여 사는 곳을 떠나 일본인이 모여 사는 지역인 홍커우로 출퇴근 도장을 찍는다는 것이었지요. 임시

김구 이봉창 의거와 윤봉길 의거를 지휘했으며 대한민국 임시정부 주석을 역임했다. 광복 후에는 자주독립의 통일정부 수립을 위해 노력했다. 백범김구선생기념사업협회 제공.

정부 사람들은 '역시 일본이 보낸 밀정인가?' 생각하면서 이봉창을 의심하기 시작합니다. 더 이상한 점은 3~4개월에 한 번씩은 술과 고기를 사서 임시정부를 찾아온다는 것이었어요.

이봉창은 일본 전통 복장인 하오리를 입고, 일본식 나막신 게다를 신고 와서 술에 취하면 일본 노래를 불렀습니다. 그런 이봉창을 곱게 볼 수 없었지요. 김구에게도 불똥이 튈 정도였습니다. 조선인인지 일본인인지 모를 이상한 사람을 들여놓냐며 원성을 듣게 된 것입니다.

> "취하면 일본 노래를 유창하게 하며 호방하게 놀았으므로 별명을 일본 영감이라 하게 되었다."
>
> 김구, 《백범일지》

상황이 이렇기에 김구 역시 이런 이봉창을 다시 의심하지 않았을까요? 하지만 김구는 전혀 이봉창을 의심하지 않았습니다.

사실 이봉창과 김구의 계획은 임시정부 직원도 모를 정도로 아주 비밀리에 진행되고 있었습니다. 당시 임시정부는 너무 가난해서 이봉창의 생활비를 마련해줄 수 없었는데요. 중국어를 하지 못했던 이봉창은 거사를 준비할 동안 일본인이 모여 사는 지역에서 돈을 벌었습니다. 그런데 이봉창이 임시정부에 자주 드나들면 일본인들로부터 의심을 받을 수 있었기에 김구는 이봉창에게 일본인들과 어울리며 그들의 신임을 얻으라고 합니다. 그리고 한 달에 한 번 늦은 밤중에만 자신을 찾아오라고 했어요. 김구와 이봉창만 아는 비밀이었습니다.

당시 일본은 상하이 임시정부를 살피고 있었고 이봉창은 일왕을 제거하겠다는 엄청난 거사를 앞두고 있었기에 더욱 조심할 수밖에 없었습니다. 이런 속사정을 몰랐던 임시정부 직원들은 일본인과 어울리는 이봉창을 보고 손가락질하고 비난했습니다. 이봉창은 의심과 원망을 괘념치 않고 살림이 어려워 배를 곯았던 임시정부 직원들을 위해 주머니를 털어 음식을 사 왔습니다. 그는 임시정부 직원들의 의심에 어떤 변명도 하지 않고 고개를 숙이고 웃기만 했다고 합니다.

한인애국단 단원이 되다

이봉창이 김구의 비밀 임무를 수행하고 있을 때, 김구는 일왕 처단을 위해 필요한 것을 준비하고 있었습니다. 그리고 얼마 후, 그토록 고대하던 필수품 하나를 손에 넣었습니다. 바로 돈. 거사 자금이었지요. 김구는 이 돈을 어디서 구할 수 있었을까요?

바로 하와이였습니다. 당시 하와이에는 일제의 지배를 피해 이

주한 조선인 7,000여 명 정도가 살고 있었어요. 그중에는 일제의
감시를 피해 이주한 독립운동가도 있었지요. 1928년에 이미 임시
정부가 재정 문제에 시달린다는 소식을 듣고 "자금이 필요하다면
도와주겠다"며 하와이에서 연락이 온 상태였고 김구는 그 약속을
잊지 않고 하와이에 도움을 요청한 것이었습니다.

　김구의 다급한 요청에 하와이의 독립운동가들은 주저하지 않고

독립 자금 기부 영수증 독립 자금을 기부했을 때 받던 영수증의 모습이다. 사진은 1919년
8월 28일 대한인국민회중앙총회에서 발급한 김장연의 독립의연금 영수증으로, 김장연에게
45원(4,500달러)을 받고, 대한인국민회의 특별의원으로 정히 영수한다고 적혀 있다. 국립
한글박물관 소장.

김구에게 거액의 돈을 보냅니다. 말도 통하지 않는 낯선 땅, 하와이에서 독립운동가들은 사탕수수밭 농부로 일하며 생계를 이어갔습니다. 뜨거운 뙤약볕 아래서 낮은 임금을 받으며 매일 열 시간씩 일했지요. 그런데도 자금이 필요하다는 김구의 연락을 받고 거액의 독립운동 자금을 보낸 것이었어요.

바로 이때, 김구와 이봉창은 역사에 길이 남을 한 단체의 선서식을 엽니다. 1931년 10월, 중국 상하이에서 일제의 주요 인물을 암살하겠다는 목적으로 만들어진 비밀 결사 조직, '한인애국단'의 선서식이었지요.

〈선서문〉

나는 적성으로써 조국의 독립과 자유를 회복하기 위하여 한인애국단의 일원이 되어 적국의 수괴를 도륙하기로 맹서하나이다.

대한민국13년 12월 13일 한인애국단 앞 선서인 이봉창

선언문에서 말하는 적국의 수괴는 바로 일왕입니다. 일왕을 죽이겠다는 그 일념 하나로 선언문에 서명한 이봉창은 이 선서문을 목에 걸고 사진을 찍었습니다.

이 순간, 청년 이봉창은 조선인으로 떳떳하고 당당하게 살기 위해 찾아온 상하이에서 어엿한 독립운동가가 됩니다.

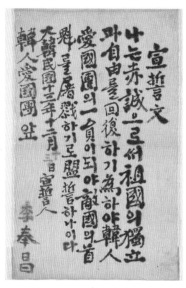

이봉창 의사 〈선서문〉(좌, 문화재청 제공)과 이봉창 의사가 의거 전 찍은 사진(우, 독립기념관 제공) 일본 천황에게 투폭할 것을 거사 전에 맹서한 국한문 혼용 자필서로, 한인애국단의 활동과 항일 투쟁 역사를 증명하는 귀중한 역사적 산물이다.

수류탄 두 개를 품고
일본으로 향하다

　김구는 이봉창을 불러내 하와이 조선인들의 피땀으로 마련한 거사 자금과 수류탄 두 개를 건넸습니다. 왜 두 개였을까요? 하나는 일왕의 목숨을 끊기 위한 것이었고, 나머지 하나는 거사가 실패할 경우 이봉창 스스로 목숨을 끊기 위한 자살용 폭탄이었습니다.

거사를 처음 계획할 때부터 김구는 이봉창이 살아 돌아올 것이라고 생각하지 못했고 이봉창 또한 죽음을 각오하고 거사를 준비했습니다.

이봉창은 김구가 거사 자금을 어떻게 마련했는지 묻지 않았지만 어려운 형편에 큰돈을 마련한 것만으로도 그간의 고생을 짐작했습니다. 그리고 누구의 추천서도 없이 홀로 찾아온 자신에게 이런 큰일을 믿고 맡기는 김구의 신뢰에 깊이 감동합니다.

"내 일생에 이런 신임을 받은 것은 김구 선생께 처음이요, 마지막입니다."

1931년 12월 17일, 이봉창이 상하이를 떠나 일본으로 향하는 날이 도래합니다. 이봉창을 사지로 보내야 하는 김구는 소중한 목숨을 희생해야 한다는 사실에 슬퍼하고 있었습니다. 이제 헤어지면 다시 만날 수 없는 두 사람은 마지막을 기억하기 위해 사진관을 찾았습니다. 거사를 앞두고 이봉창을 죽음의 길로 보내야 하는 김구는 어두운 표정을 감출 수 없었고 그런 김구를 보며 이봉창은 말합니다.

"저는 영원한 쾌락을 향유코자 이 길을 떠나는 터이니, 우리 두 사람이 기쁜 얼굴로 사진을 찍으십시다."

이봉창은 일왕을 죽이고, 영원한 행복을 얻기 위해 떠나는 기쁜 날이니 웃으며 마지막을 기념하자고 오히려 김구를 위로합니다.

상하이를 떠난 이봉창은 일본에 도착해 먼저 여관을 잡고 매일 신문을 보며 무언가를 열심히 확인했습니다. 일왕을 죽일 적기를 찾은 것이지요. 어느덧 9일이 지나고 이봉창은 신문에서 눈에 띄는 기사를 발견했습니다. 10여 일 뒤인 1932년 1월 8일에 일왕이 참석하는 일본 육군 신년 관병식이 열린다는 기사였어요. 이봉창은 곧장 김구에게 편지를 보냈습니다.

"상품은 1월 8일 꼭 팔릴 터이니 안심하라."

여기서 말하는 상품이란, 계획한 거사였지요. 1월 8일, 일왕이 참석하는 신년 관병식에서 일왕에게 폭탄을 던지겠다는 뜻이었습니다.

신년 관병식 예행연습이 열리던 날, 이봉창은 관병식이 열릴 도쿄 시내의 요요기 연병장에 찾아갑니다. 하지만 연병장을 확인한 이봉창은 이내 좌절합니다. 폭탄을 던져 일왕을 죽이기에는 관병식을 관람하는 객석과 일왕의 자리가 너무 멀었던 것입니다. 결국 이봉창은 관병식이 열리는 요요기 연병장이 아닌, 일왕이 관병식장으로 가기 위해 지나는 거리를 노리기로 합니다.

이봉창은 일왕의 행차 노선을 파악하기 위해 도쿄 시내 지도를 산 뒤, 소형 승합차를 타고 일왕의 행차 노선을 사전 답사하기로 합니다. 도쿄의 지리를 잘 모르는 이봉창에게 어려움은 없었을까요? 여기서도 이봉창의 친화력이 빛을 발합니다. 이봉창은 타고 있던 소형 승합차의 운전기사와 짧은 시간 안에 친해져 관병식에 관한 이야기를 나누고 정보도 얻습니다. 관병식에 간다는 이봉창의 계획을 들은 운전기사는 이봉창에게 엄청난 걸 건네줬어요. 바로 도쿄 헌병대 간부의 명함이었지요. 혹시 모를 상황을 대비해 이봉창은 이 명함을 챙겨 두었습니다.

1932년 1월 8일, 드디어 거사의 아침이 밝았습니다. 이봉창은 수류탄을 챙긴 뒤 오전 8시 50분 전차를 타고 결전 장소인 하라주쿠역으로 향합니다. 이봉창은 하라주쿠역에서 관병식장으로 향하는 일왕을 노렸지만 경비가 너무나 삼엄했습니다. 자칫 거사가 실패할 수도 있다고 생각한 이봉창은 급히 거사 장소를 바꾸기로 하고 전차를 타고 요쓰야 쪽으로 향합니다. 하지만 일왕의 행렬은 그곳을 벌써 지나가 버린 뒤였습니다.

다급해진 이봉창은 일왕의 행렬을 따라잡기 위해 다시 장소를 옮깁니다. 급히 향한 장소는 아카사카 방향이었어요. 이봉창이 아카사카에 도착한 시간은 오전 10시! 이봉창은 이곳에서도 일왕을 볼 수 없었습니다. 일왕이 그곳마저 지나가 버린 것이지요. 결국, 신년 관병식장으로 향하는 일왕에게 폭탄을 던질 기회를 놓치고 말았습니다.

하지만 이봉창은 포기하지 않고 또다시 계획을 변경합니다. 일왕이 행사를 마치고 궁으로 돌아갈 때를 노리기로 한 것이지요. 이마저 놓친다면 거사는 수포로 돌아갈 상황이었습니다.

시간은 흘러 오전 11시 40분, 이봉창은 일왕의 행렬을 다시 쫓습니다. 그런데 이봉창이 목적지에 도착했을 때 또다시 이봉창의 얼굴은 사색이 되고 말았습니다. 일왕의 행렬이 이미 지나간 후였기 때문이지요.

세 번이나 일왕의 행렬을 놓쳤지만 좌절하고 있을 시간은 없었습니다. 일왕의 행렬은 아직 궁에 들어가기 전이었고 이봉창은 가까스로 주변에 있던 일본인으로부터 일왕 행렬을 앞지를 지름길을 알아냈습니다. 이봉창은 곧장 택시를 타고 일왕의 행렬을 쫓았지요. 택시에서 내린 이봉창은 혼신의 힘을 다해 내달렸고, 도쿄 경시청 북쪽 현관에 도착했습니다.

그런데 그 순간! 누군가가 이봉창의 앞을 막아섭니다. 바로 일본 경찰이었습니다. 품속에 두 개의 수류탄을 갖고 있던 이봉창은 절체절명의 위기에 눈앞이 깜깜해지며 계획이 들통날까 봐 긴장합니다. 이때 이봉창의 머릿속을 번뜩 스치고 간 것이 있었습니다.

버스 기사가 건네준 바로 그것! 이봉창은 명함을 꺼내 이 사람의 초대를 받았다며 일본 경찰에게 건넸습니다. 명함과 이봉창을 유심히 보던 일본 경찰은 바로 통과시켜 줍니다. 명함에는 '도쿄헌병대본부 육군헌병 조장'이 쓰여 있었어요. 당시 일본 헌병은 엄격한 사상 검증을 통해 선발된 자였기에 헌병의 보증을 받은 인물로 보인 이봉창은 가까스로 일본 경찰의 검문을 통과할 수 있었습니다. 특유의 친화력과 사교성으로 얻은 명함 덕분에 위기를 모면할 수 있었지요.

무사히 검문을 통과한 이봉창은 수많은 인파를 헤치며 앞으로 나아갑니다. 이봉창이 자리를 잡고 가쁜 숨을 고르며 1~2분이 지났을 무렵, 이봉창 앞으로 마차 한 대가 다가옵니다. 이봉창은 재빨리 마차 안의 인물을 확인했습니다. 첫 번째 마차에는 한 사람만 타고 있었습니다. 이봉창은 일왕이 마차를 혼자 탔을 리가 없다고 생각하고 그 마차를 보냅니다. 뒤이어 다가오는 두 번째 마차에는 호위 무관들이 뒤따르고 있었습니다. 이봉창은 직감합니다.

'이 마차에 일왕이 타고 있구나!'

오전 11시 44분, 확신에 찬 이봉창은 빠르게 오른쪽 주머니의 수류탄을 꺼내 들고 마차를 향해 힘껏 던졌습니다. 엄청난 소리와 함께 이봉창의 손을 떠난 수류탄이 폭발했어요. 일본의 수도 한복판, 그것도 일왕의 왕궁과 경시청 정문 바로 앞에서 일어난 일이었습니다. 어마어마한 사건이었습니다. 이봉창과 김구가 상하이에서부터 용의주도하게 준비해 온 계획이 실현되었지요.

길가의 사람들은 혼비백산하며 소리를 질렀습니다. 이봉창은 커다란 폭발음을 듣고 거사가 성공했음을 직감했습니다. 사람들이 우왕좌왕하고 있는 사이 이봉창은 일왕을 보기 위해 재빨리 앞으로 나아갔습니다.

그런데 현장을 확인한 이봉창은 순간 멍해지고 말았습니다. 폭탄은 겨우 마차의 몸통 아래에 작은 구멍을 내고 말 두 마리에게 얕은 상처만을 남겼기 때문입니다. 이봉창은 순간의 충격으로 나머지 폭탄을 던지는 걸 잊고 말았고 그사이 마차는 바람처럼 거사

현장을 벗어났습니다.

왜 폭탄의 위력이 이렇게나 약했던 걸까요? 결정적인 이유는 폭탄 안에 화약을 적게 넣었기 때문이었습니다. 폭탄을 준비할 당시 김구는 중국에서 일본까지 안전하게 운반하기 위해 무게가 가볍고 멀리 던질 수 있는 폭탄을 준비했거든요. 누구도 예상하지 못한 폭탄의 약한 힘 때문에 안타깝게도 이봉창의 거사는 실패하고 말았습니다.

거사에 앞서 여러 번 예행연습을 하기에는 시간과 자금이 없었던 탓도 있었습니다. 그리고 안타까운 사실은 또 있었습니다. 두 번째 마차에는 정작 일왕이 타고 있지 않았어요. 이봉창이 지나쳐 보냈던 첫 번째 마차에 일왕이 홀로 타고 있었던 것이지요. 여러모로 성공하기 어려운 거사였습니다.

체포된 이봉창,
신문에 굴하지 않다

폭탄이 터진 직후, 폭탄을 터뜨린 인물을 잡기 위해 경찰이 몰려왔습니다. 그런데 일본 경찰은 이봉창이 아닌 다른 남자를 체포하는 것 아니겠어요? 이봉창 뒤에 있는 사람이 범인이라 착각한 것입니다. 이때 이봉창은 빠져나갈 기회를 버리고 "그 사람이 아니라 나다!"라고 외치며 자신이 범인임을 밝힙니다. 남에게 죄를 씌우는 건 옳지 않다고 생각해 스스로 나선 것입니다. 이봉창은 침착하게 말합니다.

"도망가지 않을 테니 난폭하게 굴지 말라."

이봉창은 오히려 우왕좌왕하는 일본 경찰들을 진정시키고 당당히 체포됩니다. 이렇게 이봉창의 거사는 실패로 끝나고 말았지만 일본의 심장부인 도쿄에서 살아 있는 신으로 추앙받던 일왕에게 폭탄이 투척된 사건은 일본 전체를 충격에 빠뜨립니다.

거사 이후 체포된 이봉창은 일본에 굴복하지 않고 조선인으로서 당당한 모습을 보여줍니다.

도쿄 경시청 앞 이봉창 의거 현장 사진 이봉창이 던진 수류탄이 떨어진 지점이 표시되어 있다. 국사편찬위원회 소장.

"범인은 언어가 명석하여 일본인과 다름이 없고, 태도는 태연하여 처음부터 끝까지 미소를 띠고, 이런 중대한 범행을 저질렀음에도 불구하고 반성하는 관념은 털끝만큼도 없다."

이봉창 재판 기록 중에서

1932년 1월 8일부터 6월 27일까지 약 5개월간 이봉창은 아홉 차례의 혹독한 신문을 받습니다. 이봉창은 자신을 신문하는 사람들에게 말했습니다.

"죽을 각오로 일왕의 생명을 빼앗으려고 준비했지만, 실패해서 유감이다."

자신의 행동을 후회하지 않는 결연한 의지를 보여준 것이지요. 그리고 이 일은 이봉창 한 사람의 의지가 아니라 조선의 독립을 바라는 모두를 대표해서 한 일이라고 말합니다. 이 말을 들은 일본인들은 어떤 생각이 들었을까요? 제2, 제3의 이봉창이 나타날까 봐두렵지 않았을까요?

이봉창은 신문을 받는 내내 김구의 이름을 철저히 숨깁니다. '백정선'이라는 이름을 언급하며 수사에 혼란을 주려고 했지요. 김구와 이봉창은 처음 계획을 세울 때부터 붙잡혀 신문 받을 수도 있다는 가능성도 열어두고 있었습니다. 그래서 거사 전 김구는 자신의 이름과 임시정부에 대해 말해야 하는 상황이 온다면 이봉창의 뜻에 맡기겠다고 했습니다. 하지만 이봉창은 끝까지 김구의 이름을

이봉창 감시 대상 카드 1920~1940년대 일제 경찰에서 제작한 것으로 추정되는 조선총독부의 감시 대상 인물 신상 카드다. 이봉창의 카드는 1932년 1월 8일 의거가 있은 다음 만들어진 것으로 본적 이외에 자세한 정보는 적혀 있지 않으며 사진은 중국 신문의 자료를 활용한 것으로 짐작된다. 국사편찬위원회 소장.

말하지 않았습니다.

1932년 9월 30일, 대역죄로 일제의 법정에 선 이봉창! 그의 떳떳하고 당당한 태도가 노출될까 봐 일본은 재판을 비공개로 진행했습니다. 단 한 번의 재판으로 이봉창에겐 사형이 선고되었고 일본은 모든 과정을 속전속결로 진행했습니다.

불과 10일 뒤인 10월 10일 오전 9시, 이봉창은 이치가야 형무소 형장에서 서른두 살이라는 젊은 나이에 순국합니다. 이봉창의 의거는 실패로 끝났지만 불꽃 같았던 그의 희생은 독립운동에 새로운 생기를 불어넣었습니다. 그의 의거에 감동과 자극을 받은 세계 각지의 교포들이 자금을 모아 한인애국단을 지원했고 새로운 독립투사를 탄생시켰습니다.

그렇게 탄생한 인물이 바로 윤봉길입니다. 같은 해에 윤봉길의 홍커우 거사는 철저한 준비로 성공할 수 있었습니다. 이봉창의 결의 덕에 꺼져가던 독립 투쟁의 불씨가 되살아난 것이지요.

이봉창이 순국하고, 13년 후 꿈에 그리던 대한의 독립이 찾아왔습니다. 독립운동가들은 일본의 형무소를 찾아 이봉창의 유해를 수습했고 1946년 7월 6일, 이봉창은 순국 후 14년 만에 조국 땅에서 영면에 들었어요. 지금은 효창공원에서 이봉창 의사의 묘를 찾을 수 있습니다. 효창동에서 태어났던 이봉창 의사는 마침내 효창공원에 안치되었습니다.

식민지 시기 평범한 인간으로 열심히 살고자 했던 이봉창. 그는 '조선인으로 사느냐, 일본인으로 사느냐' 오랜 번민 끝에 떳떳한 삶을 위해 독립운동가의 길을 택했습니다. '실패한 독립운동은 없다'를 증명해낸 위대한 독립투사로 자취를 남겼지요.

일제강점기에 평범한 조선인으로 살아간다는 것은 어떤 의미일까요? 나라를 잃은 식민지 조국의 일원으로 살아간다는 것은 또 어떤 의미일까요? 평범한 소시민 이봉창이 독립운동가로 변화한 이유가 이 질문에 대한 답이 되지 않을까 싶습니다. 이봉창 의사뿐만 아니라 우리나라의 독립을 위해 인생을 바친 인물들은 너무도

효창공원 이봉창 의사 묘소 광복 후 김구의 주도로 일제강점기 독립운동을 펼친 이봉창, 윤봉길, 백정기 삼ᅳ의사의 유해가 봉환되었다. 봉환된 유해는 국민장을 치른 뒤 효창공원 내 삼의사묘역에 안치되었다. 대한민국역사박물관 근현대사 아카이브 제공.

많아 한 명 한 명 돌아보기에 시간이 모자랄 정도입니다. 그래도 이봉창 의사의 "조선의 독립을 바라는 모든 사람을 대표해서 폭탄을 던졌다"라는 말을 기억하며 수많은 애국지사의 결의와 마음을 떠올리는 시간을 꼭 가졌으면 합니다.

8장

멀거멋은
민족사업가

염복규(서울시립대학교 국사학과 교수)

서울의 대표 명소 북촌은
어떻게 탄생했나

'북촌' 하면 무엇이 떠오르나요? 나란히 자리 잡은 여러 한옥의 고즈넉한 분위기가 떠오르지 않나요? 보통 우리는 북촌 하면 한국의 멋이 가득한 대표 관광지이자 핫플레이스, 북촌 한옥마을의 풍경을 떠올립니다.

그런데 오래전에 만들어졌을 것 같은 북촌 한옥마을은 예상과는 달리 100년도 채 되지 않았답니다. 1930년대에 북촌 일대를 재개발하면서 한옥마을이 생겼고 이전과는 크게 다른, 지금의 고즈넉한 모습이 된 것이지요.

한 인물의 노력 덕분에 북촌의 풍경이 크게 달라질 수 있었습니다. 그 인물은 일제강점기에 북촌 일대 재개발을 주도하면서 한옥

북촌 한옥마을

을 고집했습니다. 어떤 인물이었기에 북촌에 한옥으로 이루어진
마을을 만들 수 있었던 것일까요? 교과서에도 나오지 않는 서울의
대표 명소 북촌의 흥미롭고 놀라운 탄생 비화! 지금 바로 벗겨보
겠습니다.

조선인의 북촌,
일본인의 남촌

북촌北村이라는 명칭은 조선 시대부터 있었으며 북 북北에 마을
촌村을 써서 '북쪽에 있는 마을'을 뜻했습니다. 조선 시대 북촌은

왕족과 권세 높은 양반들이 모여 사는 특별한 곳이었어요. 북촌의 서쪽으로는 경복궁이, 동쪽으로는 창덕궁과 창경궁이 있었습니다. 그래서 조선의 북촌은 궁을 드나드는 왕족과 양반들이 주로 살았어요. 궁궐 가까이 있으니 왕족과 양반들에게는 요즘 말로 '직주근접', 즉 직장과 집이 가까운 동네였지요. 오랫동안 '권세 높은 양반의 동네'라고 불렸습니다.

한양도성의 지도를 보면 청계천을 기준으로 동네가 나뉘는데,

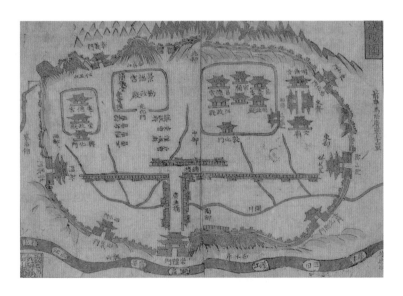

한양도(천하도) 위백규가 저술한 《환영지寰瀛誌》 안에 있는 여러 지도 중 하나이다. 조선 시대에도 존재했던 북촌은 청계천의 북쪽 지역으로 경복궁과 창덕궁, 창경궁 같은 궁이 밀집해 있었다. 이 지도는 도성 안의 대표적인 건물인 궁성, 사대문, 관청, 종가 등과 한강, 청계천, 북한산, 백악산, 인왕산 등의 지형지물을 간결하게 묘사하고 있다. 서울역사아카이브 제공.

조선 시대 북촌은 현재 북촌의 중심인 가회동, 삼청동을 포함해 인사동 등 많은 동네를 아우르는 넓은 지역이었습니다. 그리고 청계천 남쪽에는 지금의 을지로, 충무로 등을 포함해 남산까지 아우르는 남촌이 있었습니다. 남촌은 북촌과 확실히 구별되는 점이 있었는데요. 북촌과 달리 남촌에는 권세가 낮은 가난한 선비들이 주로 살았어요. 그래서 조선 시대에 북촌은 '실세 양반들이 사는 곳', 남촌은 '가난한 선비들이 사는 곳'으로 구분했습니다.

그런데 일제강점기 즈음, 북촌과 남촌의 모습이 180도 달라집니다. 일본인들이 남촌을 장악했기 때문입니다. 일본이 조선 땅에 영향을 미치기 시작하면서 많은 일본인이 유입되었고 그들이 처음에 정착한 곳이 바로 남촌이었습니다. 그리고 한양은 이름마저 바뀌어 버렸습니다. 1910년에 경술국치로 일제강점기가 시작되며 일본이 한양의 이름을 '경성'으로 바꾼 것이었어요.

일본인들은 오랫동안 조선 왕실과 양반의 본거지였던 북촌으로 진입할 수가 없어서 상대적으로 빈 땅이 많고 저지대와 배수가 좋지 않아 거주지로 인기가 없었

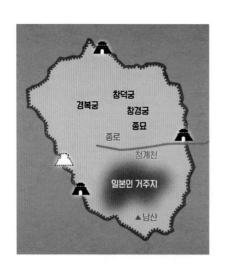

남촌 일본인 거주지 청계천과 평행한 대로인 종로의 북쪽이 북촌, 남쪽이 남촌이다.

던 남촌에 정착했습니다. 일본인이 정착을 시작한 이후, 일본인 영역은 점점 더 넓어졌고 남촌에 거대한 '일본인 거주지'가 생깁니다. 충무로, 명동, 을지로 일대에 일제 관공서와 은행, 회사 등이 속속 들어섰고 수많은 일본인으로 북적거렸어요. 이때부터 북촌은 '조선인 지역', 남촌은 '일본인 지역'으로 나뉘었습니다.

북촌을 장악하려는
일본의 꼼수

조선인의 북촌과 일본인의 남촌이 팽팽하게 공존하던 경성에서 서로의 거주지를 침범하지 않는 건 암묵적인 규칙이었습니다. 그러나 일제강점기가 10년쯤 지났을 무렵인 1920년대, 이 규칙이 깨지고 맙니다.

> "'경성의 북부로 향하여 일본인의 세력이 날로 침범한다' 함은
> 이미 수년 동안 경성에 거주하는 조선인에게 큰 위협을 주는 말
> 이었다."
>
> 〈동아일보〉 1923년 10월 26일

일본인의 세력이 날마다 커지며 경성의 북부, 즉 북촌 쪽으로 밀

려와 그곳에 사는 조선인들에게 큰 위협이 된다는 것이었지요. 왜 일본인들은 북촌까지 올라왔을까요?

일제강점기가 길어지면서 1920년대 초반부터 관공서나 학교 등에서 일하는 일본인이 대거 경성으로 들어왔기 때문입니다. 이뿐만 아니라 상대적으로 땅값이 싸고 임금이 저렴한 한반도에서 사업을 하려는 일본인들이 우후죽순 생겨나 남촌은 포화 상태가 되었습니다. 그러자 일본인들은 남촌을 넘어 북촌까지 눈독을 들인 것이었어요. 원래 한양의 중심은 북촌이었으니, 일본인이 마치 주인처럼 행세하게 되면서 생활 구역을 북촌으로 옮겨가려는 경향을 보이게 된 이유도 있었습니다.

하지만 북촌은 조선인에게 의미가 깊은 동네였습니다. 조선의 중심지이자 유서 깊은 양반 동네였으니까요. 일제강점기가 시작돼도 조선인들이 똘똘 뭉쳐 살면서 조선인의 정신을 이어간 터전이기도 했습니다. 그런 곳을 빼앗길 위기다 보니 얼마나 기가 막혔을까요. 당시 경성에는 돈 벌고, 공부하고, 살아보겠다며 상경하는 조선인도 많았습니다. 그들은 당연히 조선인 마을인 북촌에 살고 싶었지만 남촌을 넘어 북촌까지 넘보는 일본인들 때문에 경성 내에 거처를 마련하지 못하는 상황에 놓이기까지 했어요.

그러던 중 북촌의 조선인들에게 날벼락 같은 일이 벌어집니다. 일본이 북촌에 일본인들이 살 곳을 마련하겠다면서 예상치 못한 방법까지 사용한 거예요. 북촌을 장악하기 위해 남촌에 있던 관공서 일부를 북촌으로 옮기려고 했습니다. 관공서를 옮기면 일하는 사람을 포함해 많은 일본인이 북촌에 자연스럽게 터를 잡고 살 수 있을 거라 판단한 것이었지요.

일제는 사유지는 마음대로 건드리지 못하니 꼼수를 써서 경복궁의 중심인 근정전 앞에 떡하니 조선총독부 건물을 세웠습니다. 이를 위해 주변 전각도 다 밀어버리고 광화문도 다른 곳으로 옮겨버립니다. 조선총독부를 시작으로 몇 년에 걸쳐 여러 통치기구들이 북촌으로 옮겨졌어요.

조선총독부 부감 1920년대 조선총독부 및 경성시가의 전망이다. 중앙에 펼쳐진 광화문 대로 끝에 보이는 석조 건물이 조선총독부이다. 청사 안쪽에는 경복궁이 보인다. 서울역사 아카이브 제공.

북촌 장악 계획은 여기서 끝이 아니었습니다. 관공서가 있으면 출퇴근하는 이들이 지낼 숙소가 있어야 했습니다. 당시 조선총독부에는 정식 직원만 700~800명 정도가 있었으리라 추측합니다. 일제는 북촌 지역에 직원과 직원의 가족들이 살 곳, 즉 관사를 여러 개 짓고 다른 일본 통치기구 직원들의 숙소 단지도 북촌 곳곳에 세웠습니다.

일제의 꼼수로 남촌 북촌 가릴 것 없이 일본인 차지가 되기 일보 직전인 경성에서 조선인을 더 힘들게 한 건 북촌의 땅값이었습니다. 가뜩이나 인구는 많아지고, 살 집은 없는 상황에서 북촌의 땅값이 천정부지로 뛰어 버렸고 피해를 보는 건 당연히 힘없고 돈 없는 조선인이었습니다.

북진하는 일제가 조선인들의 형편을 살폈을까요? 당연히 아니었습니다. 일본인보다 경제력이 약했던 조선인들은 북촌에 집을 구하지 못하는 경우가 비일비재했습니다. 집과 땅이 없어 이곳저곳을 전전하는 조선인들도 많았어요. 조선 사람들은 점점 북촌으로 진격하는 일본인들 때문에 살 집도 구하기 어려운 상황이 되자 크게 두려움을 느끼게 되었습니다.

1920년대 경성의 집 부족 문제는 날마다 신문에 기사가 실릴 만큼 일상적인 일이었습니다. 1921년 6월 〈동아일보〉에는 '집 없는 조선인이 6,000여 명'이라는 기사가 실렸는데 6,000여 명은 세대주에 해당하니 세대주의 가족까지 치면 대략 4만 명이 집이 없음을 의미했습니다. 이 무렵 경성의 조선인이 17만 명 정도였으니 4분의 1은 집이 없었다는 뜻이 됩니다. 정말 심각한 사회문제였지만 아무런 대처가 이루어지지 않았고 1930년대까지 집 부족 문제가 이어졌지요.

건축왕의 프로젝트, 일본인 북진을 막아라!

1920년대 경성은 북촌까지 일본인 판이 되어갔습니다. 이 모습을 두고 볼 수 없는 한 사람이 있었습니다. 바로 경성에서 땅을 개발하고 집을 만들어 팔던 사업가 정세권이었습니다. 그는 요즘으로 치면 부동산 개발업자였고, 당대 최고 갑부이기도 했습니다. 당시 정세권 하면 모르는 사람이 없을 만큼 유명했으며, '건축왕'이라는 별명까지 있을 정도였지요.

정세권

그가 어떻게 경성 최고의 건축왕이 되었는지 알아볼까요? 정세권이 경성에서 사업을 시작한 건 서른두 살인 1920년부터였습니다. 그전에는 고향인 경상남도 고성에서 살았습니다. 그는 고성에서 면장도 지내고 동네를 위해 일하며 살고 있었어요. 그러다가 결혼 이후, '기회의 땅' 경성에서 사업을 하기 위해 가족을 데리고 경성으로 상경합니다.

조선인과 일본인이 뒤섞여 북적북적한 경성에 도착한 정세권은 '뭘 해서 먹고 살까', '무엇이 돈이 될까'를 고민합니다. 머리도 좋고 사업 수단도 뛰어났던 정세권은 우선 경성의 분위기를 살펴봤습니다. 조선의 중심인 경성에는 사람이 무척 많았습니다. 그 모습을 보며 정세권은 생각했습니다.

'사람 많은 경성에서 앞으로 가장 필요한 것은 집이다. 그러니 집은 곧 돈이 될 거다!'

발 빠르게 경성의 시류를 읽은 것이 놀랍지 않나요? 그런데 사업을 하고자 한 그의 수중에는 단돈 2만 원밖에 없었습니다. 당시 20칸 규모의 한옥 두 채 정도를 지을 수 있는 돈이었지만 사업을 시작하기에는 턱없이 부족했지요. 하지만 정세권은 당차게 사업을 시작합니다. 먼저 북촌 지역에 집을 짓는 회사를 세웁니다. 그 회사의 이름은 건양사建陽社로, 정세권이 경성이라는 도시에 첫발을 내딛는 순간이었지요.

시골 출신 초보 사업가의 회사는 잘됐을까요? 정세권은 헌 집을 수리해주고 돈을 받는 일부터 시작했습니다. 이후 집에 대한 노하우도 쌓고 일하는 사람도 늘리면서 한 채, 두 채 집을 만들어 팔기 시작했어요. 이 사업이 잘되면서 건양사는 승승장구합니다.

1920년대 초에는 위기도 있었습니다. 경성 땅값이 비싸지고 건축비가 늘어나면서 건축 사업가들이 줄줄이 망했기 때문입니다. 그런 상황에서도 정세권은 살아남았습니다. 시세에 맞게 건축비를 조절하는 지혜를 발휘해서 단 한 푼도 손해 보지 않고 건양사를 성공적으로 운영할 수 있었어요. 정세권은 점차 경성 부동산계의 라이징스타로 떠올랐습니다.

그런데 승승장구하던 부동산 사업가 정세권의 심기를 불편하게 하는 일이 생깁니다. 정세권의 눈에 거슬리는 것이 있었지요. 정세권 딸의 회고에 따르면 그는 이런 말을 자주 했다고 합니다.

"사람 수가 힘이다. 일본이 종로에 발붙이지 못하게 해야 한다."

조선 사람이 많아야 힘을 가질 수 있으니 일본이 조선인의 거리인 종로에 발붙이지 못하게 해야 한다는 뜻이었지요. 한마디로 일본인들의 북촌 진출을 막아야 한다는 말이었습니다. 원래 종로는 북촌 지역에 포함된 청계천 위에 있는 동네로, 당시 '민족의 거리'라고 불릴 정도로 조선인들이 똘똘 뭉쳐 살던 곳이었습니다. 정세권은 북촌이 일본인으로 채워지는 걸 용납할 수 없었고, 조선인 한 사람이라도 더 북촌에 집을 짓고 살기를 바라며 곰곰이 방책을 모색합니다.

이때 정세권은 자신이 잘하는 건 집 짓기이므로 북촌의 땅을 사서 조선인들을 위한 집을 지어야겠다고 결심했습니다. 조선인들을 위한 정세권의 대규모 프로젝트가 시작된 순간입니다.

조선인을 위한
도시형 한옥 마을

1920년대 후반, 정세권의 귀에 솔깃한 정보가 하나 들어옵니다. 북촌의 어딘가에 있는 땅이 매물로 나왔다는 정보였지요. 그곳은 바로 종묘 왼쪽에 자리한 '익선동'으로, 익선동에는 왕실 종친이 대대로 살아온 누동궁이라는 궁이 있었는데 친일파 왕족 이해승이 그걸 팔겠다는 것이었습니다. 누동궁 터는 8,264제곱미터, 약 2,500평 규모의 땅이었습니다. 이 소식을 들은 정세권은 곧바로 땅을 사들인 뒤 이곳에 일명 '익선동 조선집 마을 프로젝트'를 시작합니다. 최대한 많은 조선인이 익선동에 집을 가지고 살도록 주택단지를 만들려고 한 것입니다.

이제 땅을 샀으니 다음에는 뭘 하면 될까요? 그렇죠, 어떤 집을 지어야 할지 결정해야 했습니다. 1920년대 경성에는 크게 세 가지 유형의 집이 있었어요. 일본식 주택, 서양식 주택인 문화주택, 그리고 조선식 주택인 한옥이었지요. 그중 제일 인기가 많은 건 서양식 문화주택이었습니다. 문화주택은 화장실과 부엌을 내부로 넣은 서양식 집이라 편리성이 높아 인기가 많았습니다. 특히 이완용 등 돈 있는 친일파와 지주들이 선호했어요.

하지만 정세권은 문화주택이 아닌 한옥을 짓고자 했습니다. '익선동에는 한옥으로만 집을 짓겠다!' 고집합니다. 정세권도 사업가인 만큼 당연히 이익이 되는 사업을 생각해야 했겠지요? 문화주택을 지어서 팔면 돈을 더 벌 수도 있었습니다. 그러나 문화주택은 굉장히 비싼 집이라 일부 부자들만 살 수 있었습니다. 정세권은 당장의 돈벌이보다 조선인의 전반적인 생활개선을 먼저 생각했어요. 그래서 부자보다 중류층이나 서민층 조선인을 대상으로 부동산 사업을 해나갔고, 그들이 살던 방식에 맞춰 한옥을 짓겠다고 결심했어요. 문화주택과 비교해 값이 저렴하고, 조선인의 생활 방식을 버릴 필요도 없는 게 한옥이기 때문이었지요.

조선인을 위해, 조선인에게 꼭 맞는 한옥을 최대한 많이 짓고 싶었던 정세권이 익선동에 한옥마을을 지으려 결심한 때에 큰 고민

경성 문화주택 서울역사아카이브 제공

거리가 하나 생깁니다. 전통 한옥은 건물 여러 채가 집 한 채를 이루는, 넓은 땅을 차지하는 형태였습니다. 전통 한옥을 짓는다면 한정된 땅에 많은 한옥을 지을 수 없었고 많은 조선인이 살 수도 없었습니다.

그래서 정세권은 넓은 땅을 작게 쪼갰어요. 하나의 땅을 여러 개로 잘게 나누는 것은 지금의 우리에게는 익숙한 형태지만 당시에는 획기적인 발상이었습니다. 이어서 작은 땅에도 지을 수 있게 개량한 한옥, 이른바 '도시형 한옥'을 지었습니다. 그는 도시형 한옥을 건축한 1세대 개발업자였지요. 도시형 한옥은 나무 기둥에 기와를 얹는 형태까지는 전통 한옥과 같지만, 마당을 확 줄이면서 마당을 중심으로 방과 부엌, 화장실 등을 효율적으로 모아서 배치한 새로운 한옥이었어요. 전통 한옥의 감성은 살리고 동선을 줄여 편리성을 높였지요. 이렇게 지은 도시형 한옥은 전통 한옥이나 서양식 문화주택에 비해 저렴했습니다. 정세권은 넓은 누동궁 터에 도시형 한옥을 한 채, 한 채 지어 올렸습니다.

그렇게 탄생한 곳이 바로 앞서 이야기한 익선동 한옥마을입니다. 작은 도시형 한옥이 지붕을 맞대고 질서정연하게 들어선 모습은 지금도 운치 있고 멋진 풍경이지만 당시 경성에서도 새로운 모습이었어요. 큰 한옥이나 초가집만 보던 사람들에게는 낯선 듯 익숙한 풍경이었겠지요? 정세권은 계속해서 부지런히 도시형 한옥을 지었고 공사가 끝났을 때 익선동에는 무려 한옥 68채가 세워졌습니다.

하지만 집을 짓고 나서 정세권은 또 다른 장벽에 부딪히고 말았습니다. 저렴하게 집을 공급해도 집값을 바로 낼 만큼 경제적 상황이 좋은 조선인이 별로 없었던 것이지요. 이때 정세권은 획기적인 방법을 또 하나 제안합니다.

"중류 이하의 계층을 구제하기 위해 연부, 월부의 판매 제도까지 강구하였습니다."

익선동 전경 익선동이라는 동명은 1914년 동명 제정 때 조선 시대부터 이 일대 동리명이었던 익동에서 '익' 자를 따고, 정선방에서 '선' 자를 따서 지은 것이다. 조선 시대 익동에는 제25대 왕 철종 생부의 사저이자 사당인 누동궁이 있었는데, 일제강점기까지 철종의 형인 영평군 이경응의 후손들이 살았던 것으로 전해진다. 부동산 개발업자 정세권이 누동궁 일대를 비롯한 익선동 166번지와 33번지, 19번지 등을 사들여 소규모 필지로 분할해 중소규모의 한옥을 지어 매매 또는 전세 놓으면서 오늘날과 같은 익선동 한옥마을의 맥락을 형성하게 되었다. 서울한옥포털 소장.

연부와 월부는 집값을 연 단위나 월 단위로 받았다는 것으로, 오늘날처럼 집을 할부로 구입할 수 있도록 해준 것입니다. 당시에는 돈을 빌려서라도 값을 전부 치러야 집 구매가 가능했고 그렇지 않으면 직접 인부를 구해 집을 지어야 했습니다. 집값을 나눠 낸다는 개념은 굉장히 생소했지요. 집값을 한 번에 받는다면 일제 금융기관에서 목돈을 대출받기조차 힘든 경성의 돈 없는 조선인들은 집을 사지 못할 게 뻔했습니다. 그렇기에 정세권의 건양사가 내세운 할부 거래 방식은 조선인의 내 집 마련에 큰 도움이 되었습니다.

물산장려운동에 동참하다

도시형 한옥을 지어 조선인들에게 보급하고 할부 거래까지 도입하면서 정세권의 사업은 더욱 승승장구했습니다. 그때, 뜻밖의 위기가 닥칩니다. 일본 경찰이 정세권을 소환한 것이지요. 갑작스럽게 종로경찰서로 불려 간 정세권은 일본 경찰에게 이런 말을 듣습니다.

"당신은 실상 독립운동을 하고 있는 것이 아니오?"

정세권이 독립운동을 했다니 무슨 말일까요? 신문에 실린 정세권의 사진과 그의 가족사진을 보면 그 이유를 알 수 있습니다. 사진 속 정세권은 한복을 입고 있습니다. 이렇듯 정세권은 평소에도 한복을 입고 다녔고 가족들에게도 되도록 한복을 입으라고 했는데요. 어처구니없게도 이 한복이 문제였던 것입니다. 그것도 '이 소재'로 만든 한복을 입고 다닌 게 더 문제였어요.

"우리가 만든 것 우리가 쓰자!"

1920년대 경성방직주식회사에서 낸 조선의 광목을 쓰자는 광고에 나온 문구입니다. 그 아래에는 '광목은 태극성' 즉, 태극성에서 만든 광목을 쓰자고 되어 있어요. 광목은 목화에서 실을 뽑아서 베를 짠 후에 삶은 옷감으로, 이 광고는 조선 회사에서 만든 조선 광목을 써 달라는 호소였습니다.

정세권은 조선 사람이 만든 '이 소재', 즉 광목으로 만든 한복만 입고 다녔고 조선 물건을 알리고 조선 물건을 쓰자고 말하며 다녔습니다. 이를 '조선물산장려운동'이라고 합니다.

경성방직주식회사의 국산품 애용 선전 광고

조선물산장려운동에 관해서는 더 자세히 살펴볼 필요가 있어요. 1920년대, 조선에는 값싼 수입 물건들이 물밀 듯이 들어왔습니다. 일본 물건에 붙었던 관세가 없어지면서 값싼 일본 물건이 쏟아져 들어온 것이지요. 일제는 경복궁에서 자신들의 물건을 홍보하는 조선박람회를 열기까지 했습니다. 이때 광화문은 조선박람회 입구로 사용되는 수모를 겪었어요.

그러다 보니 조선인이 만든 기업들은 경쟁력을 잃고 도산할 위험도 커졌습니다. 이에 조만식 같은 독립운동가가 주도해 '조선 사람 조선 것'이란 슬로건을 내걸고 일종의 캠페인을 시작했습니다. 평양에서 시작된 이 캠페인, 조선물산장려운동은 조선 기업이 만든 물건을 써 달라는 광고도 할 정도로 활발히 전개되었어요.

1920년대 후반부터 조선물산장려운동에 적극적으로 동참한 정세권은 물산장려운동회관 건축도 맡았습니다. 이 당시 조선물산장려회는 조선 물건을 홍보할 회관을 짓는 게 목표였으므로 기부금을 받기로 하고 정세권에게 건축을 맡겼습니다. 평소 실천했던 물산장려운동을 위한 일이니, 정세권은 특히 심혈을 기울였을 것입니다.

그런데 돈을 어마어마하게 들여 무려 4층짜리 건물을 열심히 지은 정세권은 황당한 일을 마주하고 맙니다. 조선물산장려회에 기부금이 모이지 않아 건물 비용을 받을 수 없게 된 것이었어요. 과연 정세권은 어떻게 대처했을까요? 놀랍게도 정세권은 건물을 끝까지 지어 완성했고, 물산장려회에 선물했어요. 정세권의 통 큰 기부 덕분에 물산장려운동회관에는 조선 물건이 진열됐고, 홍보도 될 수 있었지요.

이후 정세권은 물산장려운동을 더 키우기 위해 직접 '장산사'라는 물산 장려 회사를 설립하기도 했습니다. 장산사를 통해 실용적인 지식을 담은 잡지 〈실생활〉을 발행했고 전국을 돌아다니면서 사 온 조선 물건을 홍보하고 팔기도 했어요. 이 덕분에 조선물산장려회는 많은 이에게 폭발적인 호응을 얻을 수 있었지요.

그렇게 정세권의 활동이 커지고 관심을 받기 시작하니 이를 예의 주시하던 일제 경찰이 정세권을 소환해 "조선 물산을 장려하는 건 실상 독립운동이 아니냐"며 다그친 것이었습니다.

이때 만약 정세권이 독립운동가로 낙인찍히기라도 한다면, 정세권과 그의 가족은 물론 한옥 건축 사업도 안전할 수 없었어요. 자칫하다가 위기에 빠질 수도 있었던 순간, 정세권은 형사를 똑바로 보면서 외쳤습니다.

"오사카 사람이 오사카 물산을 장려하는 것도 독립이요? 우리는 조선인으로, 낙오된 조선 물산을 장려하는 게 당연한 거 아니오!"

오사카 사람이 "오사카 물건 씁시다" 하는 것처럼 조선 사람이 안 팔리는 조선 물건 좀 쓰자고 한 게 뭐가 잘못이냐고 호기롭게 답한 것이지요.

이 말을 들은 일본 형사는 정세권의 당당한 태도에 한발 물러날 수밖에 없었어요. 너무나 큰 사업체를 가진 유명 인물이라 확실한 증거 없이는 어떻게 할 수 없었던 것이지요. 풀려난 정세권은 계속 조선 물건을 장려하고 건축 사업을 해나갔습니다.

만약 이때가 1910년이었다면 정세권에게 없는 죄도 만들어서 가두었을지도 모를 일입니다. 1910년 경술국치 이후 일제는 군대의 헌병과 총, 칼을 앞세워서 무단통치를 펼쳤지요. 그 결과 3·1운동이라는, 일제의 입장에서는 엄청난 역풍을 맞았고요. 더 이상 무단통치체제를 유지할 수 없었던 일제는 1920년대부터 1930년대 초중반까지는 이른바 '문화통치'를 펼치며 무장투쟁과 같은 직접적인 독립운동이 아니면 조선인의 활동을 어느 정도 허용했습니다. 물론 감시와 통제도 했고요. 그런 이유로 정세권도 풀려날 수 있었던 게 아닐까 합니다.

그리하여 탄생한
정세권표 한옥 뉴타운

조선 가옥을 만들고, 조선 물건 사용을 장려하는 등 민족을 위하는 활발한 행보로 일제의 감시권 안에 들었지만 정세권은 개의치 않고 거침없는 활동을 이어갑니다.

그러던 어느 날 정세권에게 또 하나의 솔깃한 제안이 들려옵니다. 북촌의 중심가인 가회동 일대 땅이 매물로 나왔다는 것이었지요. 이 땅은 원래 일본인이 가지고 있던 종로구 가회동 33번지로 약 5,000제곱미터, 즉 1,535평 규모의 넓은 땅이었어요. 북촌에서 일본인을 몰아내야 한다고 생각해오던 정세권은 과감하게 일본인으로부터 이 땅을 사들였습니다.

3년이 지났을 무렵에는 정세권에게 더 큰 땅을 개발할 기회도 옵니다. 33번지 바로 옆에 붙어 있는 31번지 땅이었지요. 이곳은 약 18,500제곱미터, 약 5,600여 평에 달하는 넓은 부지로 친일파 민대식이 가지고 있다가 대창산업 주식회사라는 곳에서 샀고, 마

1910년대 가회동 일대 서울역사아카이브 제공

침내 정세권이 이 땅의 재개발을 주도할 기회를 가지게 된 것이었어요. 이렇게 해서 정세권은 무려 약 23,500제곱미터, 7,100여 평에 달하는 거의 축구장 세 개 크기와 맞먹는 땅을 재개발하게 되었습니다.

정세권은 기존에 있던 낡은 집을 부수고 대규모 한옥마을 재개발 프로젝트를 진행합니다. 익선동 개발 때와 마찬가지로 예전에 지은 집들의 단점을 보완해 편리하게 개선한 도시형 한옥이 매일 지어졌지요.

1933년, 가회동 33번지를 기점으로 시작된 한옥마을 재개발은 1936년 가회동 31번지까지 더해지면서 1940년대 초반까지 이어졌습니다. 정세권은 일본인과 친일파의 손아귀에 있던 조선 땅을 지켜내고 130개의 집터에 도시형 한옥을 지어 한옥 단지를 만들어냅니다. 익선동과 마찬가지로 북촌에 많은 조선인이 자리 잡게 된 것이지요.

이곳이 지금 한국을 찾는 세계인이 사랑하는 곳, 북촌 한옥마을입니다. 90년 전 정세권의 대규모 재개발이 지금의 한옥마을을 만들었다는 사실을 아는 이들은 많지 않습니다. 만약 정세권이 북촌 땅을 사지 않았다면, 그곳에 도시형 한옥을 짓지 않았다면 오늘날 같은 자리에 일본식 가옥이나 서양식 가옥이 줄지어 서 있지 않았을까요?

정세권은 1920년 건양사를 연 이후 20여 년간 꾸준히 정세권표 도시형 한옥을 지었습니다. 도성 안의 북촌 지역인 삼청동, 익선동, 가회동 등과 도성 밖 창신동, 명륜동 등에도 집을 지었습니다. 모두 합치면 6,000여 채에 이르는 규모로 건양사는 한 해 평균 300여 채의 집을 지었다고 합니다. 이는 1920년대 경성의 연간 주택공급량의 약 20퍼센트에 달하는 양이었습니다. 경성에 있는 집 다섯 채 중 한 채는 정세권이 지었다는 것이지요.

이런 업적에도 불구하고 우리는 정세권이라는 인물에 대해 배우지도 않으며, 잘 알지도 못합니다. 정세권이 독립운동 전면에 나선 사상가이거나 자신의 글을 남긴 인물이 아니라 부동산 개발업

1950년대 가회동 일대 도시형 한옥으로 이루어진 정세권표 한옥 뉴타운이 형성된 가회동의 모습을 볼 수 있다. 임인식/청암아카이브 제공.

자였기 때문일 것입니다. 또 건축적으로 본다면 건축 관련 정규 교육을 받고 유명한 건축물을 남긴 것이 아니기에 제대로 된 평가를 받지 못한 것이 아닌가 합니다.

그러나 의심할 여지 없이 정세권은 일본인과 일본 집, 서양 집이 판을 치던 일제강점기에 자신이 가장 잘하는 집 짓기 사업으로 조선의 땅과 조선인의 보금자리를 지켜낸 영웅입니다. 또 하나 분명한 건 자신의 기업 활동과 민족운동을 함께 추진했고, 그 과정에서 사업상 손해나 일제와 충돌한 부분이 있었음에도 그마저 감수했다는 점입니다. 이 역시 높이 평가할 만한 일이지요.

조선어학회 사건으로
모든 것을 빼앗기다

도시형 한옥 건축이라는 한 길을 걸으며 명실공히 최고의 건축왕이 된 정세권에게 인생 최악의 시련이 찾아옵니다. 1942년 11월, 정세권은 어딘가로 끌려갔습니다. 그가 잡혀간 곳은 함경도에 있는 홍원경찰서였습니다. 경성에 있던 정세권이 왜 함경도 경찰서까지 끌려간 걸까요? 당시 일제는 조선어학회를 이끌었던 민족운동가 이극로와 정세권이 연관이 있다고 봤습니다. 조선어학회와 이극로라니, 무슨 일이었을까요?

사실 정세권은 조선물산장려운동을 하면서 이극로를 처음 만나게 되었습니다. 그리고 젊은 유학파 지식인 이극로를 무척 아끼게 되었지요. 정세권은 이극로가 조선어학회를 통해 한글 사전을 만들고 있다는 사실과 조선어학회가 자금난에 허덕이고 있다는 것도 알게 됐습니다. 그 후 집을 지어 번 돈으로 조선의 말을 지키는 일에도 후원을 아끼지 않았습니다.

과거 종로구 화동 129번지에는 조선어학회 회관이 있었는데요, 이 회관이 바로 1935년 정세권이 2층 양옥집으로 지어 조선어학회에 통째로 기증한 건물입니다. 조선어학회는 조선어학회만의 공간이 없었기 때문에 여기저기 옮겨 다니면서 회의를 하고 사전을 편찬해야 했습니다. 돌아다니면서 사전을 편찬하려니 늘 불안했던 때에 정세권이 회관으로 쓰라며 건물을 지어서 준 것입니다. 조선어학회는 정세권이 기증한 건물에서 안정적으로 한글 사전 편찬 작업을 이어갈 수 있었지요.

그런데 1942년 10월, 일제가 우리 말과 글을 연구하는 일을 탄압하기 위해 조선어학회 회원들을 불법체포하는 사건이 벌어집니다. 당시 일제는 조선어학회 후원자 명단도 샅샅이 뒤졌습니다. 그리고 일제의 눈에 '정세권', 세 글자가 포착됩니다. 일제는 예의 주시하던 정세권을 발견하자마자 체포해 버린 것이었어요.

가뜩이나 물산장려운동을 하며 일제의 감시망에 들어 있던 정세권은 일본 경찰에게 지독한 고문을 받습니다. 이때 정세권의 나이는 55세였습니다. 적지 않은 나이의 그에게 물고문, 구타, 불로 지지기 등 잔혹한 고문이 가해졌습니다.

정세권뿐만 아니라 조선어학회 회원들에게도 모진 고문이 이어집니다. 고문을 받던 조선어학회 회원 두 명은 그만 옥에서 사망하고 말았지요. 고문의 고통과 고문받는 동료들의 비명 속에서 하루하루 지옥 같은 날을 보낸 정세권은 어떤 심경이었을까요?

정세권은 무려 보름 동안 그 모진 시간을 견뎌야 했습니다. 그리고 옥에서 병을 얻는 바람에 가까스로 풀려나게 됩니다. 목숨만은 부지했지만 초주검이 되어 풀려난 그는 가족들이 백방으로 수소문한 의사 덕분에 겨우 건강을 회복합니다.

조선어학회 수난자 동지회 기념 사진 조선어학회 사건으로 고초를 겪은 이들이 모여 찍은 사진이다. 맨 아랫줄 두 번째, 흰색 두루마기를 입은 인물이 정세권이다. 국가기록원 제공.

풀려난 이후 정세권은 다시 예전처럼 생활할 수 있었을까요? 조선어학회 사건 이후 일제의 압박은 더욱 심해졌고 1943년 6월, 정세권은 또 한 번 경찰서에 끌려가 치 떨리는 이야기를 듣게 됩니다. 일제가 정세권을 부른 데에는 검은 속내가 있었습니다. 정세권이 갖고 있던 사유지 3만 5,279평, 약 11만 7,000제곱미터의 어마어마한 땅을 조선인을 친일파로 개조하기 위해 만든 단체 '대화숙'에 내놓으란 것이었지요.

정세권은 분노가 치밀었지만 결국 땅을 내놓을 수밖에 없었습니다. 일본 경찰이 그가 보는 앞에서 조선어학회 회원들을 잔인하게 고문했기 때문입니다. 수많은 애국지사의 고통을 볼 수 없었던 그는 그 큰 땅을 내놓아 애국지사들의 고통을 덜어주려고 했어요.

> "3만 5,279평의 사유지를 그들의 '대화숙'에 조공하라고 강요하였다."
> "수많은 애국지사의 말할 수 없는 고통과 모멸을 덜어야만 하겠다는 생각에서도 이를 수락하지 않을 수 없는 처지였다."
> 한글학회 《한글새소식》 131호, 〈기농 정세권의 애국 운동 줄거리〉

정세권의 거의 모든 재산을 강탈한 일제는 이후 건양사의 건설 면허마저 취소해 버립니다. 이 때문에 정세권은 더 이상 경성에 한옥을 지을 수도 없게 되었습니다.

아름다운 유산,
북촌

1930년대 후반 중일전쟁과 태평양전쟁의 영향으로 식민통치의 분위기는 이른바 '문화통치'에서 다시 엄혹하게 바뀌었습니다. 그동안 어느 정도 허용해 주었던 조선인의 활동을 일절 금지하고 '창씨개명', '한글 사용 금지' 같은 민족말살정책이 나오기 시작했어요. 궁극적으로는 조선인을 침략전쟁의 군인으로 동원하기 위한 작업이었습니다. 그렇기에 일제강점기 사업가로서는 드물게 조선물산장려회, 조선어학회 같은 단체를 후원하던 정세권은 일제 경찰의 표적이 될 수밖에 없었습니다.

한때 경쟁자가 없을 정도로 경성 최고의 건설사였던 건양사는 일제의 압박에 급격히 무너져 내립니다. 사업가로서, 민족운동의 후원자로서 정세권이 힘을 쓰지 못하게 손발을 묶어 버린 일본은 정세권이 평생을 바쳐 성장시킨 회사와 재산까지 모조리 빼앗았습니다.

정세권을 향한 일제의 독한 감시와 핍박은 2년이 지나서야 멈추게 됩니다. 1945년 8월 15일, 드디어 나라를 되찾은 덕분이었지요. 정세권은 이날 집 마루에서 두 손을 번쩍 들고 만세를 불렀다고 합니다. 광복했을 때, 정세권은 예순 즈음이었으니 다시 건축 사업을 일으키지는 못했으나 꾸준히 조선어학회 사람들과 교류하며 한글

사전인 《조선말 큰사전》 편찬을 끝까지 지켜보았습니다. 그리고 6·25 전쟁 후 고향으로 내려가 여생을 보내다가 1965년 9월 14일, 78세를 일기로 눈을 감았습니다.

일제강점기, 정세권은 비상한 사업 능력 덕분에 마음만 먹으면 다른 사업가처럼 친일하면서 얼마든지 쉽게 더 큰 부를 얻을 수도 있었습니다. 하지만 그는 민족정신을 잃지 않았고 묵묵히 조선의 집과 조선의 물건과 조선의 글이 잊히지 않도록 몸과 마음을 헌신했습니다. 그는 뛰어난 사업가이기도 했지만 명실공히 자기만의 방식으로 독립운동에 힘썼던 민족운동가였지요. 1990년, 정세권은 정부로부터 건국훈장 애족장에 추서되었습니다.

정세권이 남긴 귀중하고도 아름다운 유산, 북촌은 지금도 서울 한복판에서 우리나라의 멋을 보여 주고 있습니다. 이제는 북촌 한옥마을에 간다면 고즈넉한 한옥의 모습에 감탄할 뿐 아니라 정세권이라는 영웅이 어떤 마음과 노력으로 일제강점기에 한옥마을을 만들었는지도 함께 생각해보면 좋겠습니다.

벌거벗은 한국사 [영웅편]

초판 1쇄 발행	2023년 12월 4일
초판 3쇄 발행	2024년 1월 4일

지은이	*tvN* STORY 〈벌거벗은 한국사〉 제작팀
	김용태, 노혜경, 신주백, 염복규, 이민웅, 임기환, 조건, 최태성

책임편집	여인영
구성	김민영
디자인	*studio* weme
제작	357제작소
일러스트	스튜디오 쥬쥬베, 스튜디오 마치, 김효니, 조재철

펴낸이	임경진, 권영선
펴낸곳	㈜프런트페이지
출판등록	2022년 2월 3일 제2022-000020호
주소	경기도 파주시 회동길 37-20, 304호
전화	070-8666-6190(편집), 070-8666-6032(영업)
팩스	070-7966-3022
메일	book@frontpage.co.kr
인스타그램	instagram.com/frontpage_books
네이버 포스트	https://post.naver.com/frontpage_book

ISBN	979-11-93401-05-7(04910)